D1480488

110393
620 mcu

b3/2/
35 division sociel
travail

49

p138 division sexuel.

41

53 imp
mencle
travaille

p140 +
dies
imp

p132 x

LES CLASSES SOCIALES
AU QUÉBEC

LES CLASSES SOCIALES
AU QUÉBEC

par

Anne Legaré

1977
LES PRESSES DE L'UNIVERSITÉ DU QUÉBEC
C.P. 250, Station N, Montréal, Canada, H2X 3M4

506401

0011748ll

La conception graphique de la couverture est de Yvan Adam.

HN
110
.Q4L44
1977

ISBN 0-7770-0201-9
Tous droits de reproduction, de traduction
et d'adaptation réservés ©1977
Les Presses de l'Université du Québec

Dépôt légal — 4ᵉ trimestre 1977
Bibliothèque nationale du Québec

PRÉFACE

Tâche difficile que celle de présenter au public les textes des autres : les préfaces sont un genre que je n'affectionne pas. Mais je ferai, avec grand plaisir, une exception pour le livre d'Anne Legaré.

Livre à mon sens remarquable et exemplaire, car il réussit une gageure : celle d'allier la rigueur théorique et l'analyse concrète en évitant le double écueil qui guette ici tout ouvrage traitant d'un sujet semblable ; celui du théoricisme formuliste d'une part, celui de l'empirisme de l'autre. Renouveler le marxisme, rompre avec le dogmatisme légué par une longue tradition historique, aborder les problèmes concrets et poser des questions nouvelles, c'est là un des mérites essentiels de ce livre. Que ceci soit fait dans un pays qui subit encore, sur le plan universitaire, les effets de sa proximité avec les États-Unis ne fait qu'accroître ses mérites. Que ceci ait pu être fait par une femme, ce n'est pas non plus l'effet du hasard.

Non que ce livre ne pose pas des problèmes, dans une certaine mesure inévitables. Celui de ses sources pour l'essentiel : les statistiques officielles, dont on connaît la charge idéologique. Mais on en est tous là : il faut bien, faute de moyens autonomes, se débrouiller avec les moyens du bord, et avoir recours à ces sources officielles. Peut-être aussi un péché mignon d'Anne Legaré : l'«hyper-dialecticité», disons une certaine fureur de classification des agents en telle ou telle case de classes sociales.

Mais ce sont là les problèmes secondaires de ce livre remarquable : espérons qu'il sera le premier pas d'un trajet qui s'annonce sous les meilleurs auspices.

N. POULANTZAS

Octobre 1977

AVANT-PROPOS

Au moment de terminer ce livre, il m'apparaît qu'il trahit ce qui en est peut-être l'essentiel. Aussi, s'il m'est impossible de traduire en ce moment cette autre face de l'écrit, j'aimerais en évoquer les aspects les plus palpables.

Ce livre s'est écrit de la main de Frédéric, mon fils, qui, à chaque jour y a apporté sa sagesse et l'humour qu'il me manquait. Ma reconnaissance voudrait qu'il conserve la confiance qu'il m'a si inlassablement donnée.

Précieux aussi ont été ceux qui m'ont entourée de l'aide et de la tolérance indispensables pour faire face aux impondérables d'un tel travail. Leur souvenir de mes capricieuses exigences fera qu'ils sauront se reconnaître ici.

Je tiens aussi à souligner le tranquille et discret travail de Monique Douville, du Département de Science politique de l'Université du Québec à Montréal.

Enfin, la présence d'autres femmes encore a soutenu les moments sombres de ce travail partiellement muet. J'aimerais ici rendre la parole à l'une d'elles, Denise Boucher, qui traduisait très récemment mon sentiment en écrivant dans *Retailles* que «L'essentiel est invisible pour les yeux».

A. L.

Montréal, le 20 juillet 1977

PLAN DE L'OUVRAGE

LISTE DES TABLEAUX

INTRODUCTION

Au Québec la montée des luttes de classes, sous le poids spécifique de l'impérialisme a provoqué, depuis une quinzaine d'années, un renforcement notable du mouvement ouvrier. Ce redressement s'est accompagné, comme ailleurs dans les pays capitalistes avancés, d'un puissant appui de la part du mouvement étudiant. La jonction amorcée alors a conduit au Québec à la formation de nouveaux groupes à l'extérieur des partis et des syndicats, se vouant principalement à la clarification des aspects idéologiques des luttes de classes. D'abord foncièrement spontanéistes et pragmatiques, ces groupes se trouvèrent vite forcés de démêler, du moins dans leurs cercles intimes, les questions politiques posées au mouvement ouvrier.

De là furent produits quantité de textes pour des fins de formation idéologique à l'adresse du nombre croissant des militants syndicaux et non syndiqués. Ces textes ne purent qu'être le reflet du niveau des luttes et des contradictions du moment. Mêlés aux objectifs de mobilisation des masses contre l'oppression nationale dans un premier temps, puis à l'agressivité croissante des luttes économiques, ces groupes formés principalement de jeunes intellectuels, tentèrent de leur mieux de définir les bases objectives d'un mouvement de masse.

Ainsi, en réponse à l'analyse des syndicats et des groupes socio-politiques tels les comités de quartier, celle des militants intellectuels dut-elle s'acheminer sur des voies plus qu'hésitantes. Le présent travail est né des questions que se posaient alors ces groupes et auxquelles la connaissance objective et fouillée des classes sociales présentes au Québec semblait indispensable. Surtout axées sur la définition de la contradiction principale, des couches révolutionnaires au sein du peuple, du prolétariat et de ses caractères sociaux, de la petite-bourgeoisie et de ses différentes fractions, ces questions avaient comme préoccupation fondamentale le fléchissement des luttes populaires vers une plus nette radicalisation. Tous, dans ces groupes, avaient pour objectif de connaître les intérêts divers qui coexistent parmi tous les salariés. Plusieurs divergeaient sur ces points.

Le présent ouvrage s'insère dans ces débats. N'ayant pour objet direct ni l'étude des manifestations de l'impérialisme comme tel, ni la question nationale, il s'impose pourtant un questionnement voisin. Il s'agit de la structure des rapports sociaux tels qu'ils témoignent de ces deux problèmes, face d'une seule et même question : le capitalisme tel qu'implanté aujourd'hui au Québec et se révèle dans la facture des *classes en lutte*. Ce travail vise donc à démêler les angles des uns et des autres de ces rapports sous l'éclairage des contradictions internes et externes.

Tout ce qui suit paraîtra peut-être laborieux, compliqué. Au-delà de cette apparence, chaque angle de la théorie ou de l'analyse concrète est porteur d'implications politiques qui, sans être toujours évidentes, n'en sont pas moins présentes. Ce livre, s'il est engagé, ne cherche pas à démontrer, à qui en douterait encore au nom de quelque sophisme que ce soit, l'existence des classes sociales ou de l'exploitation. Situé à l'intérieur du marxisme, il souhaite se démarquer des courants humanistes et empiriques sur les classes sociales qui ont un large auditoire aujourd'hui au Québec et en France.

À l'heure actuelle, dans le monde capitaliste, les conceptions politiques varient grandement sur la question des frontières de classe au sein des mouvements de masse, et derrière chacune d'elles, se trouve une approche théorique différente. Parfois, il est vrai, certains aspects de ces positions finissent *ponctuellement* par se confondre étant donné surtout la *faiblesse organisatrice* des conceptions révolutionnaires. Mais *à plus long terme*, elles finiront bien par se décanter et c'est là qu'on éprouvera la qualité de chacune.

Cet ouvrage ne vise pas à aborder toutes les questions qui se posent, depuis ces dernières années, au sujet du Québec. Centré sur la connaissance des divisions sociales objectives qui sous-tendent les luttes actuelles, ce travail s'attarde plutôt aux aspects structurels des classes ; par là, il s'adresse à ceux qu'intéresse l'avenir du mouvement ouvrier, ainsi que la situation du Québec dans ce contexte.

Je mettrai donc l'accent, tant dans la partie théorique que pratique, sur les divisions sociales objectives qui séparent les couches et les fractions des classes dominées et de la classe dominante. Ce livre soutient la position que la *lutte des classes*, étant l'expression de divisions structurelles internes au sein des *rapports sociaux*, la juste *définition de ces divisions* est une condition essentielle pour la compréhension et l'*orientation de ces luttes*. On sait que sur ce terrain théorique, se dessine beaucoup d'opposition, la plus simpliste de ces tendances étant de nier la complexité des divisions sociales en la réduisant à un rapport global: exploitants/exploités.

Pourtant, l'histoire démontre que seulement un processus de transformation prolongée au sein du peuple assure l'abolition des contradictions sociales. Dans cet enjeu, *la connaissance des classes en lutte est un aspect de la connaissance des luttes de classe.*

Mettre l'accent sur ces divisions, dans une étude comme celle-ci, n'est pas en contradiction pourtant avec le fait de soutenir l'unification des diverses couches de travailleurs au sein du mouvement ouvrier. Au contraire, mieux seront connues ces divisions, plus fondée et plus durable sera l'unité. Une unité qui ne sait pas s'appuyer sur un objectif de consolidation progressive des intérêts divergents autour de l'hégémonie du prolétariat se révélera fragile et fort décevante. Dans ce sens, je me suis efforcée de souligner certaines des formes les plus actuelles des divisions *objectives* à l'intérieur des classes dominées et de donner une définition rigoureuse de la classe ouvrière ou du prolétariat. La variété des tendances dans les luttes économiques et politiques démontre chaque jour leur fondement.

L'approche utilisée pour atteindre cet objectif fera appel à la théorie et à l'analyse concrète. En effet, il m'a semblé que présenter seulement la structure de classe du Québec entraînait un double danger, celui de laisser par trop implicites des points de référence généraux sur la division capitaliste du travail du stade actuel, et celui d'éviter certaines mises au point sur les courants réformistes dans l'analyse des classes sociales.

La conjoncture théorique et politique actuelle commande ce genre d'analyse et requiert un retour à la théorie des classes sociales du mode de production capitaliste. Contrairement à ce que croient certaines opinions solidement ancrées, la théorie des classes sociales capitalistes, si elle possède son «corpus» de base, ne cesse de se parfaire à mesure que se transforme le capitalisme lui-même. La théorie remonte sans cesse au plus concret et dans la mesure où celui-ci s'enrichit de nouveaux éléments, elle doit les incorporer.

Dans cette voie se rencontrent justement des résistances sans nombre. Actuellement au Québec, deux principaux courants animent les analyses de classe que j'appellerais humaniste et empiriste. Tous deux, probablement sans le savoir, ont des retombées réformistes. Le premier, inspiré par l'observation des dures conditions de vie auxquelles sont soumis les travailleurs, fait du niveau de vie le principal critère de l'appartenance de classe. Ainsi, dans ces analyses, l'exploitation est une notion morale, sans référence à la nature distincte des divers rapports d'exploitation. Dans ce courant il n'y a qu'un pas à faire pour dire que tous les exploités, quel que soit le rapport de production, petits paysans pauvres, travailleurs manuels de toutes sortes, employés de bureau, etc. font partie de la même classe sociale.

Le courant empiriste, plus prudent et plus raffiné, s'efforce de construire une sorte de théorisation de ses observations. Une accumulation d'«évidences», ici ou là, *de critères descriptifs communs*, conduit à poser les frontières de classe. Pourtant, il y a rarement de référence aux rapports de production capitalistes, ce qui amène ces analyses à négliger des aspects fondamentaux de la division sociale.

Ni l'un ni l'autre de ces courants prétendument marxistes n'articule jusqu'au bout *la théorie générale abstraite des rapports capitalistes* avec ses observations. On trouvera donc dans ces pages un rejet implicite de toutes ces analyses.

Sur le plan de la théorisation, par ailleurs, mes positions s'opposent en quelques points à certains postulats soutenus en France par Pailloix, Rey ou Salama, ainsi que par le Traité d'Économie marxiste du Parti communiste français pour ne mentionner que les principaux. Mes divergences se résument en deux points fondamentaux: nécessité 1) de faire référence aux conditions générales abstraites de reproduction du rapport Capital-Travail et 2) de distinguer entre les rapports noués dans la production et dans la circulation.

L'introduction de cet ouvrage se présente donc comme prise de parti dans ces débats et c'est pourquoi les pages qui suivent se consacreront à une brève élaboration sur ces thèses. En voici d'abord l'énoncé général.

Le rapport d'exploitation spécifique au mode de production capitaliste, c'est-à-dire la manière proprement capitaliste d'extorquer au travail humain des richesses, pose les termes des rapports entre toutes les classes sociales de ce mode.

Les deux principaux postulats qui sous-tendent la présente étude et contenus dans l'énoncé précédent peuvent s'expliquer comme suit:

A) Le rapport d'exploitation propre au mode de production capitaliste pose les termes de la contradiction principale entre les classes sociales

Pour opérer l'analyse des classes sociales, il faut d'abord remonter aux *conditions structurelles organiques du rapport d'exploitation du mode de production capitaliste.* Ces conditions ont fait l'objet du matérialisme historique qui les a dégagées du concret et construites abstraitement. C'est pourquoi on dit qu'il s'agit de conditions *structurelles*, dans la mesure où leur combinaison recouvre une *unité* théorique d'ensemble; et de conditions *organiques*, dans la mesure où la définition juste de chacun des termes de la contradiction principale crée une interdépendance de fond entre tous les aspects et toutes les contradictions. En termes scientifiques, la cohérence provient de la juste définition d'une contradiction par l'opposition de tous les aspects de chacun de ses termes.

Le rapport d'exploitation du capitalisme s'exprime par la contradiction Capital/Travail. Cette contradiction est un rapport social abstrait constitué autour de la production de capital; l'aspect principal en est donc le terme **Capital** qui domine le Travail en lui extorquant son produit. Ce rapport donne leur essence aux autres contradictions.

Saisir ce rapport implique donc que l'on sache poser l'étendue et les limites de chacun de ses termes. Ainsi quand on définira structurellement le **Travail**, on associera autour de la production de capital les conditions sociales qui lui sont organiquement liées. L'étude nous fait voir que la détermination du temps social nécessaire à la reproduction de la force de travail comme condition économique de la production de capital prend aussi des formes *juridiques*: les limites du temps de travail (et donc du temps de loisirs); des formes *idéologiques*: la soumission du travail manuel; des formes *politiques*: la subordination, l'exécution etc.

Ces formes sont *organiques* c'est-à-dire que pour constituer le Travail, le terme abstrait opposé au Capital, elles doivent toutes *co-exister* au sein du même rapport social, elles sont interreliées. La classe sociale opposée à la bourgeoisie devra nécessairement être composée de toutes ces formes structurelles d'opposition.

Enfin, la définition de tous ces aspects de la contradiction Capital-Travail doit conduire à poser les liens entre tous les rapports sociaux et le rapport Capital/Travail. Il y a une *interaction* entre la réalité concrète, qui n'est rien d'autre que la lutte des classes, et les rapports abstraits. Quand se modifient les rapports concrets, en d'autres mots quand dans une situation donnée, la bourgeoisie est renversée, dans l'analyse, la contradiction abstraite Capital/Travail est inopérante, et avec elle les autres formes de division. Ainsi les classes qui s'opposaient sous ce rapport disparaissent et sont remplacées par d'autres rapports. Quand Capital et Travail coexistent, les aspects structurels du Capital dominent les aspects du Travail et les autres contradictions de classe sont définies par cet antagonisme qui se reproduit sur elles sous d'autres formes. C'est ainsi, par exemple, que la petite-bourgeoisie aussi bien traditionnelle que nouvelle[1] reproduit à son échelle et en dehors des procès de production de capital, certains aspects structurels du rapport Capital-Travail. On élaborera davantage ce point dans l'analyse.

B) Le deuxième postulat est la fonction de détermination de l'économique sur les autres aspects

Pour tous les modes de production, quand on parle de l'économique, on désigne des rapports ayant lieu autour de la production des biens et des conditions nécessaires à celle-ci. C'est donc la production sociale qui est le champ de l'économique. Deux aspects caractérisent les rapports économiques ou rapports de production: l'un concerne la *propriété* des conditions de la production, l'autre le *contrôle* du procès de travail dans lequel se réalise l'exploitation. Ces deux aspects mettent les agents dans des rapports rigoureusement *économiques*.

On dit qu'ils déterminent en dernière instance les autres formes de rapports dans la mesure où la *façon particulière* de procéder pour *extirper un surproduit* spécifique à un ensemble d'agents contient la définition implicite des autres formes de rapports, idéologiques et juridico-politiques qui posent les limites de chacun de ces ensembles. Ce qui ne veut pas dire que les rapports idéologiques et juridico-politiques sont la copie des rapports économiques: ils en sont des *formes autonomes* dont la fonction est très exactement de maintenir et de reproduire, à leur manière, les premiers, les rapports économiques. Mais les caractères spécifiques de ceux-ci contiennent *précisément* les modalités de leur reproduction, c'est-à-dire que les exigences de leur reproduction dépendent de ce qu'ils sont eux-mêmes, soit de la nature du rapport d'extorsion du surproduit. C'est ainsi que l'on dira que les rapports de production ou rapports économiques déterminent les autres rapports, et que c'est dans la production des nouvelles richesses que prend naissance «tout l'édifice social». C'est ainsi que l'articulation des aspects de l'économique, propriété économique et possession, varie selon les modes de production. *C'est leur combinaison spécifique et leur rapport aux moments de la production sociale, production et circulation, qui contiennent les conditions des autres formes structurelles.*

Maintenant qu'ont été posées les lignes générales des positions de combat du matérialisme contre les courants mentionnés plus haut, voici l'élaboration de ces thèses comme parti pris dans l'analyse concrète.

---

1.   Je fais ici référence à la distinction introduite par Poulantzas.

1.   Je découperai un *premier postulat* concernant les conditions de reproduction du rapport Capital-Travail en deux points.

1.1.   Une analyse juste doit d'abord s'articuler aux rapports abstraits, lesquels doivent être correctement définis. Poser ce postulat dans la phase analytique, c'est déjà susciter deux problèmes : primo, la nécessité de faire référence à l'antagonisme de classe en termes abstraits au lieu de s'en tenir à l'opposition quasi descriptive entre bourgeoisie et prolétariat. Cette dernière reconnaissance, en effet, ne fait pas problème tant qu'elle ne demande pas à être développée. Or, la poser en termes abstraits entraîne le raisonnement plus loin que la pure désignation d'intérêts contradictoires. Ce fait introduit le deuxième problème, celui qui consiste à définir les termes et les conditions de l'antagonisme, Capital-Travail, qui sont couverts par les règles générales abstraites du procès d'accumulation de ce mode. Ce point est fondamental et sa négligence entraîne des conséquences politiques décisives pour la lutte de classe.

Qu'est-ce donc qui lie Capital et Travail ? *C'est le processus d'extorsion de surtravail produisant la plus-value qui noue le rapport entre Capital et Travail.* L'exploitation du travail humain dans laquelle la classe dominante extorque ses richesses se fait sous la forme spécifique de plus-value, dans le mode de production capitaliste, alors qu'elle se faisait sous la forme de la rente dans le mode de production féodal. *C'est le procès de production de plus-value qui est propre à l'antagonisme entre Capital et Travail.* Tous les autres rapports d'exploitation lui sont subordonnés en termes abstraits comme concrets et doivent être définis en tant que tels ; de plus, leur mode d'articulation, désignant leur fonction propre à l'intérieur de l'ensemble et leur base de développement, doit être clairement posé.

1.2.   La reproduction du rapport Capital-Travail

Disons d'abord que cet antagonisme lui-même n'est pas qu'économique. Il contient des formes sociales organiques qui en font un rapport structurel, c'est-à-dire constitué d'aspects économiques, idéologiques, juridiques et politiques. C'est d'ailleurs ce que j'ai voulu évoquer en parlant, plus haut, du salaire comme condition juridique de la production de capital. Dans le mode de production capitaliste, les facteurs «extra-économiques» de l'exploitation n'en sont pas des «raisons», comme Marx le dit pour le mode de production féodal, mais des conditions de reproduction. Ces aspects structurels doivent être saisis *en rapport avec l'antagonisme fondamental*. Ainsi, on peut avancer deux points : a) ces aspects, notés au sein du Capital et du Travail, désignent les formes structurelles que prendra, dans le concret, l'opposition entre bourgeoisie et prolétariat; b) lorsqu'ils s'étendent aux rapports non productifs, on reconnaît là le processus de reproduction élargie des rapports Capital-Travail tendant à marquer de ses propres contradictions les autres formes sociales du travail. Sur ce terrain, les analyses du PCF par exemple procèdent empiriquement en construisant autour du salaire une classe ouvrière dite «salariale».

Or, on sait que la spécificité de tout «l'édifice social» capitaliste est érigée à partir de la production de plus-value. C'est là la base économique profonde à la source des autres antagonismes. Pourtant, et contrairement à l'approche économiste, *les rapports économiques ne doivent pas leur existence qu'à cette forme abstraite de rapports*. Ils existent à travers de nombreux autres dont il ne faut pas négliger l'importance.

J'ai souligné que les rapports d'exploitation ne doivent pas leur existence aux seuls aspects économiques. En effet, *ils se réalisent à travers* un ensemble d'aspects idéologiques et juridico-politiques. En fait, ces aspects des rapports sociaux sont déjà présents dans les rapports de production en ce sens que, comme on le disait plus haut, les rapports de production ne peuvent exister ni se reproduire sans eux. Ce principe, dans l'ordre de l'abstrait, est tiré de l'existence *réelle* des rapports entre les agents de la production sociale capitaliste qui ne peut aller sans aspects idéologiques, juridiques ou politiques. Les classes sociales ne sont pas constituées de rapports qui reflètent la base économique. Elles sont construites à partir de la division sociale du travail qui réunit toutes les conditions structurelles abstraites et concrètes de reproduction de la contradiction Capital-Travail. Ainsi, le rapport Capital-Travail est un rapport structurel qui contient des aspects idéologiques, juridiques et politiques organiquement liés à l'aspect économique.

Quant au problème de l'extension de ces formes sur les rapports de circulation, c'est que l'extorsion de plus-value *commande* des formes propres d'autorité et de domination *indispensables*, par exemple, au *niveau de toute la société*. Le point qui vient d'être introduit a son importance. Les rapports de domination-subordination sont nécessaires au niveau de toute la société, de tous les rapports sociaux comme *aspects organiques du maintien de l'antagonisme entre capitalistes et ouvriers*. Marx dit: «La division du travail dans sa forme capitaliste — et sur les bases historiques données, elle ne pouvait revêtir aucune autre forme — n'est qu'une méthode particulière de produire de la plus-value relative[2].»

---

2. K. Marx, *le Capital*, Paris, Éditions Sociales, 1969, t. II, p. 53.

Dans les formes idéologiques et politiques de leur mise en œuvre, par exemple, les rapports de domination-subordination, direction-exécution, s'inscrivent à l'enseigne de la *légitimité*. On veut dire par là que ces formes confèrent à ces rapports leur légitimité, et par là, viennent sceller la réalisation de l'extorsion de plus-value. Le capitalisme étend donc à toute la société ces formes légitimées de domination et de subordination, c'est-à-dire à tous les ensembles se trouvant dans toutes les sphères de la production sociale.

Par exemple, le travail intellectuel devient un support légitimé de la domination à partir de la séparation typiquement capitaliste des éléments du procès de production dans l'économique. Cette séparation, condition du procès d'extorsion de capital, a pour effet la division sociale entre travail intellectuel et travail manuel. «Les puissances intellectuelles de la production se développent d'un seul côté parce qu'elles disparaissent sur tous les autres. Ce que les ouvriers parcellaires perdent se concentre en face d'eux dans le capital. La division manufacturière leur oppose les puissances intellectuelles de la production comme la propriété d'autrui et comme pouvoir qui les domine. Cette scission commence à poindre dans la coopération simple, où le capitaliste représente vis-à-vis du travailleur isolé l'unité et la volonté du travailleur collectif; ... elle s'achève enfin dans la grande industrie, qui fait de la science une force productive indépendante du travail et l'enrôle au service du capital[3].» «Plus tard[4], ceux-ci [le travail manuel et le travail intellectuel] se séparent en une contradiction antagonique[5].» Avec l'avènement de la socialisation des forces productives, cette séparation s'élargit à toute la société et *la domination devient une propriété, un attribut du travail intellectuel*. C'est pourquoi tous les agents du travail intellectuel, y compris les techniciens de la production, sont dans des rapports sociaux opposés au travail manuel productif, et, à un degré moindre, au travail manuel improductif; en tant que tels, les effets de l'exploitation économique qu'ils subissent se trouvent médiatisés, et la division entre tous les agents dépossédés, productifs et improductifs, ne fait que s'accroître au profit de l'antagonisme entre Capital et Travail. Tous les agents du travail intellectuel deviennent, par ce biais qui n'est autre que la division capitaliste du travail, opposés socialement au travail productif de plus-value. Cette opposition est *sociale*, c'est-à-dire qu'il faudra l'étudier à la lumière de tous ses

---

3. K. Marx, *op. cit.*, t. II, p. 50.
4. C'est-à-dire dans le mode de production capitaliste.
5. Cité et traduit par N. Poulantzas dans *les Classes sociales dans le capitalisme aujourd'hui*, Paris, Éd. du Seuil, «Sociologie politique», 1974, p. 248.

autres aspects et elle doit être considérée comme importante pour l'analyse des classes sociales actuelles.

La division sociale du travail est justement l'ensemble des «caractères spécifiques» de la contradiction fondamentale; l'étude de la division sociale ne se réduit pas à observer comment, concrètement, les agents sociaux sont divisés par leur travail ou par les conditions de la production comme le fait le courant empiriste. Le concept de division sociale du travail est un concept *abstrait* qui incorpore ensemble tous les aspects des rapports sociaux. En tant que tel, il impose à tout chercheur marxiste de voir la réalité objective dans son ensemble, ce qui implique de tenir compte de la combinaison des rapports de production et des rapports politico-idéologiques sur toutes les places, *à la lumière du rapport Capital-Travail*. Cette approche doit débarrasser le regard scientifique de toute réduction descriptive de son objet. À cet endroit, la classification par salaires, nature du travail, conditions de vie est partielle et doit être liée aux éléments théoriques généraux.

2. Deuxième postulat: le primat des rapports noués dans la production sur les rapports noués dans la circulation

On l'a dit, la découverte essentielle de Marx est d'avoir désigné la spécificité du rapport d'exploitation du mode de production capitaliste, l'extorsion de plus-value. Cette découverte a pour effet d'indiquer, non seulement par quelles modalités la bourgeoisie extorque du surtravail à la classe ouvrière, mais aussi de fournir par le même biais, les connaissances nécessaires sur *les aspects, les formes, les contradictions secondaires spécifiques et les modes d'articulation* de ces rapports aux autres rapports de formes idéologique, juridique, ou politique. Par là, Marx établissait les bases scientifiques pour l'analyse des classes sociales de ce mode de production. Toute analyse qui fait abstraction de ces connaissances est soustraite à la problématique marxiste.

Le premier de ces éléments fondamentaux est que les classes sociales prennent naissance dans la production et non dans la circulation. À chaque fois que Marx fait mention de l'achat et de la vente de la force de travail (rapport de circulation) dans le mode de production capitaliste, il ajoute que c'est là une des *conditions* propres au rapport d'exploitation capitaliste: il ne dit pas que c'est là le rapport fondamental. Il est certain que la force de travail doit circuler, c'est-à-dire être dépossédée pour entrer dans son rapport propre avec la classe capitaliste; mais ce n'est pas dans le fait qu'elle circule que se saisit ce rapport. Le rapport fondamental qui définit les classes sociales est le rapport d'exploitation dans lequel se *produisent* les richesses, c'est-à-dire par la manière propre de la classe dominante de chaque mode d'extorquer du surtravail. Ce n'est pas dans les rapports de circulation que la classe capitaliste fait produire du capital à la classe ouvrière. La circulation de la force de travail, une spécificité du mode de production capitaliste par rapport aux modes antérieurs, achat et vente, est *subordonnée* à la production d'une grandeur de valeur accrue. La citation suivante ne pourrait être plus claire.

«Sur le marché, on ne trouve donc pas face à face un simple vendeur et un simple acheteur, mais un *capitaliste* et un *ouvrier*[6] qui s'opposent comme vendeur et acheteur, dès la sphère de la circulation. *Leur rapport de capitaliste et d'ouvrier conditionne en effet leur rapport d'acheteur et de vendeur*[7].» Ce qui signifie que leur rapport de production «conditionne» le rapport de circulation dans lequel s'échange le travail.

Mais quel est donc le rapport entre le capitaliste et l'ouvrier? C'est la production de capital. Tous les autres rapports qui séparent capitalistes et travailleurs des sphères de la circulation sont commandés par la reproduction de ce rapport. C'est pourquoi les travailleurs vendant leur force de travail aux capitalistes qui la consomment dans les branches de la circulation *ne sont pas dans le même rapport social* que ceux qui vendent leur force de travail aux capitalistes qui l'échangent et la font fructifier. Cet aspect de la division des classes du mode de production capitaliste est fondamental. Sur un plan *abstrait*, il renvoie à l'articulation des rapports de production et des forces productives de ce mode, à la division sociale capitaliste du travail, à la séparation des éléments constitutifs du procès de production capitaliste, à l'extorsion de surtravail sous la forme de plus-value; sur un plan *concret*, il renvoie à toutes les formes possibles de divisions qui distinguent et séparent les supports de l'un et de l'autre de ces rapports.

Il est donc important de repérer au niveau des rapports abstraits, si la place des agents que l'on étudie les met en rapport avec le capital-marchandise ou le capital-argent, car dans l'un et l'autre cas, si le travailleur fait face au Capital, dans le premier cas c'est à cause de «la possibilité de la richesse[8]» qu'il personnifie, alors que dans le second, le profit que le capitaliste peut en tirer ne lui vient que de l'acte d'acheter pour vendre plus cher, c'est-à-dire acheter une quantité de travail et en tirer une quantité supérieure.

---

6. C'est Marx qui souligne.
7. K. Marx, *Un chapitre inédit du Capital*, Paris, Union générale d'éditions, «10/18», p. 184.
8. *Ibid.*, p. 185.

Au sujet de ce dernier mouvement, l'exploitation du travail dans les sphères de la circulation, on dira, comme Marx, «qu'il tire sa raison d'être d'*aucune différence qualitative de ses extrêmes*, car ils sont argent tous deux, mais seulement de leur différence quantitative[9]». On ajoutera encore que les rapports de circulation ont «pour point final une autre marchandise qui ne circule plus et tombe dans la *consommation*. La satisfaction d'un besoin, une valeur d'usage, tel est son but définitif[10]». Par contre, les rapports de production qui relient propriétaires et producteurs autour de la production de capital ont pour «but déterminant la valeur d'échange». Dans ce dernier cas, il y a une *différence qualitative* entre les extrêmes: c'est la création de capital et l'opposition qualitative entre les capitalistes et les producteurs de ce capital.

La *forme apparente* dans laquelle s'effectue l'achat et la vente de la force de travail, «implique déjà que les conditions objectives du travail — *moyens de subsistance et de production* — soient séparées de la force vivante du travail... Cette séparation est si radicale que les conditions objectives du travail apparaissent en face de l'ouvrier comme des personnes autonomes, le capitaliste, leur propriétaire, les personnifiant en opposition à l'ouvrier, simple possesseur de la capacité de travail. Cette séparation et cette autonomie sont une condition *préalable* à l'achat et à la vente de la force de travail[11]». Cette assertion contient tout ce que nous cherchons: a) *les rapports de production, production de capital, régissent les rapports de circulation,* achat et vente de !a force de travail ainsi que les rapports juridiques, le salariat; c'est ce que Marx entendait par «conditionne»; b) *les rapports de production recouvrent deux aspects*: la propriété et la possession, deux aspects dont les ouvriers se trouvent tous deux absolument séparés: c'est là la base sociale de l'extorsion de plus-value.

Quant aux formes de rapports dans la circulation qui s'apparentent à certaines formes de la production, comme le salaire, le travail manuel, la subordination, c'est que les caractères intrinsèques du rapport Capital-Travail définissent, au stade de la reproduction élargie du capital, les formes d'exploitation dans les rapports de circulation. Cet énoncé postule, en fait, que les conditions structurelles d'exploitation dans la circulation, si elles s'apparentent à celles de la production (salaires, pouvoir, subordination, etc.), en font des rapports distincts; l'existence de ces formes structurelles

9. K. Marx, *le Capital*, t. I, p. 118. [C'est Marx qui souligne.]
10. *Ibid.*, p. 116-117. [C'est moi qui souligne.]
11. K. Marx, *Un chapitre inédit du Capital*, p. 188. [C'est moi qui souligne.]

d'exploitation indique plutôt que le rapport fondamental dominant, comme on l'a dit, «conditionne» tous les autres rapports.

On prendra trois exemples associés à l'exploitation dans le *travail productif*: le salariat, le travail manuel, et la subordination. Ces trois aspects se retrouvent aussi bien dans la circulation que dans la production mais ils n'y désignent pas les mêmes places. Pourtant, l'exploitation dans la circulation peut être tout aussi pénible que dans la production, et des conditions de vie tout au moins aussi dures. C'est ce que retiendrait le courant humaniste. Le problème, justement, ne s'y situe pas à un niveau formel. L'exploitation est une coordonnée de toutes les classes dominées. Ce qu'il faut se donner la peine de regarder c'est *la présence*, dans l'ensemble des travaux exploités des sphères de la circulation (contrairement au travail productif), *d'aspects proprement contradictoires*: travail manuel et travail intellectuel, autorité et subordination etc. L'exploitation, *contrairement aux travaux des sphères productives*, y adopte des figures opposées, et la division sociale en polarise les aspects internes.

Cette polarisation interne, propre aux rapports dans la circulation, remplit pour la division capitaliste du travail, des fins propres: a) faire ressortir la reproduction des contradictions de classes hors de la production, c'est-à-dire en même temps dégager à tous les niveaux de l'activité sociale le processus de fractionnement nécessaire à l'exploitation; b) diviser au sein de la circulation tout en divisant par rapport aux termes (aux «conditions») de l'antagonisme fondamental Capital-Travail; c) répandre les conditions propres à l'exploitation spécifique du mode de production capitaliste; d) poser la nécessité de dégager, du fait de la présence simultanée de contradictions structurelles sur les mêmes rapports économiques, la différence qualitative du travail exploité non productif; e) bref, constituer la cohérence de la division capitaliste du travail qui, en l'occurrence, sépare production et circulation d'une part et assigne à la circulation, d'autre part, ses *caractères structuraux distinctifs* et son unité propre comme *support de classe polarisé entre Capital et Travail*.

Je reviendrai sur cette question en étudiant plus loin la nature propre de la petite-bourgeoisie. On voit déjà que les propositions présentes sur la théorie des classes sociales actuelles sont incompatibles avec quelque définition du «salariat» que ce soit.

Bref, la compréhension de la division capitaliste du travail fait fi de toute approche économiste et descriptive. Encore plus, elle doit rejeter les tendances feignant d'ignorer que le statut des rapports noués dans la production est de «conditionner» les autres rapports. C'est à ces supports d'un réformisme latent que s'attaquent les positions marxistes. Le présent travail s'apprête donc à fournir sur ce terrain, par le cas quécécois, un exemple de la complexité de la division actuelle du travail et des tâches délicates assignées à l'analyse.

Il m'apparaît maintenant indispensable de poser les *limites historiques* des classes sociales du Québec. Cette question n'est pas facile car il s'agit de savoir quelles sont les raisons qui autorisent à poser comme limites à une analyse des classes celles de la région socio-politique qu'est le Québec. Mais qu'est-ce donc que le Québec? Qu'on ne s'en étonne pas, les réponses actuelles à cette question sont nombreuses. Pour les uns, le Québec est une nation, pour d'autres une formation sociale, pour d'autres un État fédéré, pour d'autres encore une province sur la voie de l'indépendance.

Je ne vais pas m'attarder ici à démasquer le bien ou le mal fondé de chacun de ces choix. Cependant, afin de ne pas tronquer l'objet du contexte auquel il est étroitement lié, il me semble qu'une assignation arbitraire de ces limites ne saurait être retenue.

D'un point de vue juridique et politique, l'ainsi nommé «Québec» est une vaste région recouvrant une population d'environ huit millions d'habitants dont un appareil d'État dit «provincial» jouit de pouvoirs législatifs et exécutifs relativement autonomes, limités mais dominants dans les secteurs de l'éducation, du travail, des politiques sociales; dans le domaine de l'économique, le gouvernement du Québec dispose de pouvoirs plus restreints, quoique son champ d'action et ses interventions en fonction de l'accumulation soient importants. L'espace provincial des rapports de classe se définit par une certaine cohésion idéologique par rapport à l'ensemble du Canada (culture, religion, etc.). La division entre le palier fédéral et provincial sert de double scène politique pour les fractions des classes dominantes canadienne et québécoise et correspond au partage des pouvoirs instauré par la confédération canadienne, partage approprié aux rapports propres du bloc au pouvoir de cette fin du XIXe siècle.

Dans le présent travail, il ressortira que les rapports sociaux étudiés sont ceux des agents *résidant dans cette province*. Cependant, le champ de la lutte des classes déborde largement ces limites en rapport avec les classes sociales canadiennes d'une part (contradictions internes) et les rapports mondiaux d'autre part (contradictions externes).

Le poids spécifique de l'État canadien est éminemment décisif en regard de la reproduction du capital au Québec, des classes sociales québécoises, et de la question nationale. Dans leur lutte contre l'exploitation, les classes dominées du Québec s'opposent à la fois à la bourgeoisie résidant au

Québec et à la bourgeoisie canadienne. Cette contradiction devrait être approfondie afin de lui valoir un traitement politique juste.

De nombreuses recherches marxistes ont tenté de démontrer que le Québec constitue une formation sociale, qu'il se trouve au Canada une «double structure» de classe, etc. Je ne partage pas ces points de vue. Ne pouvant m'attarder à l'étude du concept de formation sociale, je me contenterai de souligner le rôle constitutif de l'État dans l'instance politique du mode de production capitaliste. Or, en l'occurrence, le Québec n'est pas un État souverain, c'est pourquoi les limites de la lutte des classes y ont un double aspect, luttes québécoises et luttes au sein de l'État canadien. C'est aussi pourquoi le bloc au pouvoir et sa fraction hégémonique s'articulent à l'État canadien auquel sont liés de manière propre les éléments de la bourgeoisie du Québec. Je tenterai de m'expliquer plus longuement sur ce point à la fin de l'ouvrage.

Historiquement, les antagonismes de caractère «national» qui isolent la structure sociale québécoise sont issus du double processus d'implantation du mode de production capitaliste au Canada et au Québec. La spécificité de la situation québécoise actuelle procède, justement, du lien historique du Québec avec le reste du Canada. Les premières formes de division *nationale* se sont créées aux XVIIIᵉ et XIXᵉ siècles à partir des modifications du mode de production dans sa phase d'implantation, en même temps que s'est amorcé, puis renforcé, l'impérialisme britannique. La compréhension de ce phénomène fournit d'ailleurs des éléments pertinents pour saisir les processus actuels.

Deux facteurs historiques ont joué un rôle déterminant dans l'articulation complexe des rapports sociaux au Québec. L'un d'eux a été le rattachement du développement canadien, par la Conquête de 1760, à la *périodisation de l'impérialisme anglais*, c'est-à-dire au début du capitalisme industriel, le second, l'incidence des *formes propres à chacune des révolutions bourgeoises*, anglaises et française, sur l'organisation de la colonie. L'existence, dans un premier temps, d'un capitalisme de type français marquera le Québec longtemps après la Conquête anglaise et l'opposera aux formes du capitalisme anglais. Cette double incidence a été à la source de tensions qui marquèrent la colonie.

Aujourd'hui, les contradictions internes qui divisent la bourgeoisie au Québec puis les bourgeoisies québécoise et canadienne s'articulent à l'impérialisme américain. Quoique le présent travail n'entreprenne pas directement l'analyse de toutes ces questions, il entend du moins fournir un canevas de base facilitant la compréhension des luttes politiques qui concernent le Québec.

Dans le premier chapitre, je ferai d'abord la synthèse des éléments théoriques essentiels sur les classes sociales actuelles. Dans le deuxième, j'articulerai les aspects économiques et idéologico-politiques de chaque couche de ces classes au Québec. Ainsi je montrerai ce qui divise structurellement la bourgeoisie, la petite-bourgeoisie et la classe ouvrière. Enfin, dans le dernier chapitre, je relèverai d'autres formes de divisions qui agissent sur la bourgeoisie d'un côté, et sur les classes dominées de l'autre, telles la question nationale, la division sexuelle du travail et certains rapports juridiques. Ce dernier chapitre aidera a voir l'ensemble des classes et des fractions en lutte.

Si cet ouvrage omet plusieurs questions, il est à souhaiter qu'il puisse tout de même servir à dégager les couches sociales dont l'implication sera centrale dans le renforcement du mouvement ouvrier actuel, à saisir les fondements de l'immobilisme de certains secteurs de la population de même qu'à comprendre la conjoncture québécoise actuelle sous l'angle de la question nationale.

Il reste cependant que la structure de classe n'est que le support des luttes auxquelles la portée de ce travail est, bien entendu, subordonnée.

CHAPITRE PREMIER

LA PROBLÉMATIQUE DES CLASSES SOCIALES ACTUELLES

Parler, aujourd'hui, des aspects théoriques de l'analyse des classes sociales semble superflu. Question ressassée. Le «marxisme», en principe, l'a résolue depuis longtemps. Pourtant on sait comment les positions de la IIIe Internationale ont conduit à la social-démocratie. Encore aujourd'hui, les thèses lancées par une réduction du marxisme satisfont nombre d'analyses. Ainsi la définition du prolétariat comme recouvrant tous les agents séparés de la propriété des moyens de production satisfait-elle nombre de libéraux. À ce prix... tous les salariés sont des prolétaires!

Trop souvent à l'intérieur du marxisme, la propriété *juridique* des moyens de production agit-elle comme base de la définition. Pourtant, pas plus que le salaire ne définit la classe ouvrière, la propriété juridique ne définit-elle les classes dominantes. Le problème posé ici n'est donc pas superflu.

Par contre, mieux que ces simplifications, la situation historique mondiale et l'impasse du révisionnisme ont permis au matérialisme historique de produire des instruments d'analyse, à la fois fidèles aux connaissances déjà acquises sur le mode de production capitaliste, mais aussi de plus en plus conformes aux modifications *internes* du stade actuel qu'est l'impérialisme et s'inspirant des expériences diverses de luttes de classes.

Dans ce courant se situent en France les apports théoriques de Nicos Poulantzas. Le présent texte voudrait poursuivre, dans le même esprit et à travers l'exemplarité du cas québécois, ce que l'auteur croit juste dans cette position théorique du problème des classes des formations sociales dans lesquelles le capital monopoliste a largement acquis l'hégémonie. En second lieu, la présente illustration, par le cas québécois, servira à clarifier davantage ce qui, pour certains, serait resté obscur dans l'exposé.

Au cours de la phase d'investigation de la présente étude, la nécessité d'approfondir certains points théoriques est apparue impérieuse. En effet, le traitement théorique une fois soumis aux difficultés de méthode et d'analyse posées par un cas concret a permis de mettre en relief quelques-uns des angles d'achoppement du *débat actuel* sur les classes.

Comme on l'a dit précédemment, pour être matérialiste l'analyse des classes sociales doit s'appuyer sur la connaissance de deux grands axes de données : 1) les *rapports abstraits* de production, tirés des formes concrètes d'extorsion du travail et du surtravail du mode de production dominant. En ce qui concerne le mode de production capitaliste, celui-ci a été magistralement analysé par Marx dans *le Capital* ; c'est là qu'on trouve les premières sources de connaissance des formes multiples de la division sociale du travail ; 2) *les caractéristiques historiques du moment donné* telles qu'elles se matérialisent, d'une part, dans le niveau de développement des forces productives, c'est-à-dire par un degré donné d'accumulation sociale dans les moyens de production ainsi que par la productivité de la force de travail, et, d'autre part, dans les formes sociales particulières de divisions.

Ce qui est donc primordial, c'est que l'articulation de ces deux éléments doit être très étroitement saisie selon les caractères que lui confère le *stade* du mode de production à un moment précis. Le premier référent de l'analyse des classes sociales sera la connaissance juste et approfondie des *rapports abstraits généraux* qui définissent ce mode dominant ; le second, la connaissance des *spécificités du stade historique* dans lequel s'inscrit la situation de classe en question. Ensuite seulement viendra la connaissance des particularités concrètes de l'objet. Il serait donc faux de croire que le détour théorique constitue une fuite, comme il serait faux de croire que la seule percée dans le concret, érigé en «évidences», satisfait au réel. Le détour théorique, quand il s'agit, bien entendu, du processus dialectique, est déjà et pour commencer un renvoi implicite au réel duquel il a été abstrait. On trouvera donc dans ce chapitre les éléments abstraits mis à l'épreuve plus loin dans l'analyse concrète, en rappelant qu'ils appartenaient déjà, et bien avant leur exposé, au concret.

Donnant suite aux prises de position exposées dans l'Introduction, on abordera les mêmes problèmes dans l'optique de leur *actualité* par rapport aux modifications internes du mode de production capitaliste. Cette question sera d'abord posée en général puis développée pour chaque classe sociale.

1. Les classes sociales actuelles ou le problème des transformations internes des rapports du stade monopoliste

On ne s'étendra pas ici sur les nombreuses thèses actuelles au sujet du stade impérialiste. Ce que l'on en retiendra concerne la mesure historique des transformations internes des rapports de production. Les formes générales du procès de production, sans perdre leur substance, peuvent subir, au niveau de leur organisation, des *modifications*. Celles-ci agissant sur les classes tant objectivement que subjectivement, sont issues du processus d'accumulation, lui-même lutte acharnée des classes sociales. Dans cette gestation, la production de plus-value engendre le capital dont l'accumulation vient à son tour informer les rapports du mode de production et en modifier les formes. Ce mouvement, en aval et en amont, s'opère, comme il a été expliqué tout autant au niveau des rapports abstraits que concrets.

Dans le mode de production capitaliste, les fruits de l'accumulation conditionnent donc, par des changements *relatifs*, la manière d'accumuler ou de produire. Ces *conditions* nouvelles, à mi-chemin entre les rapports généraux et leurs formes de réalisation, sont le support des *fractions des classes sociales*, celles-ci demeurant classes du mode de production capitaliste. Ainsi la désignation des classes qui s'affrontent relève du mode de production dominant, et celle des fractions structurelles[1], du stade donné, ainsi que de l'articulation avec les formes et stades antérieurs. Ce sont là les deux aspects privilégiés dans ce texte concernant ces modifications.

La question de la nature des fractions de classe n'est pas secondaire. Délimiter les fractions de classe consiste à saisir le rapport dans la lutte des classes du moment entre les aspects structurels, c'est-à-dire rapport stade/mode de production, et les aspects concrets, c'est-à-dire les voies données de la contradiction fondamentale dans son processus de réalisation. Pour saisir les tendances de la conjoncture, d'un point de vue de lutte de classes, il faut résoudre, en premier lieu et clairement, la question des *caractères objectifs de classe* du stade atteint par l'articulation des rapports de production et des forces productives. Il serait maintenant opportun de fournir les principaux éléments du problème avant de désigner les fractions propres du stade monopoliste.

La connaissance des phases structurelles qu'a traversées le capitalisme n'a pas été tirée de quelque illumination que ce soit. Les sociologues et économistes marxistes n'ont pas reçu, un bon matin, la révélation de ces caractères. Le matérialisme ne procède pas par extrapolation. Ce que nous savons du stade actuel procède d'abord de l'observation du capitalisme jusqu'à nos jours en plus des éléments systématiques de connaissance qu'en

---

1. J'oppose ici «fractions structurelles» à «fraction autonomes» de classes repérées dans la conjoncture.

a tirés Marx en fondant la théorie générale du mode de production capitaliste et de tous ses stades. Conforme aux termes de la contradiction fondamentale, Capital-Travail, le mouvement traversé par l'histoire de ce mode de production, a pris le double aspect de concentration et de division. Du point de vue du Capital, les nécessités du profit ont engendré un processus d'interdépendance de tous les capitaux, et partant, de tous les capitalistes; du point de vue du Travail, les mêmes règles ont provoqué la dissémination des travaux à l'intérieur du même travailleur collectif, c'est-à-dire *l'accentuation de toutes les formes sociales possibles de division* sur les rapports économiques productifs. Insistons d'abord sur ce dernier point.

Je veux dire que le développement du capitalisme et les nécessités de sa reproduction élargie, en même temps qu'ils entraînaient une concentration physique de la force de travail, comme élément *matériel* du capital investi, ont produit une *ramification idéologique, juridique et politique du rapport social qu'est le Travail.*

Il est faux de penser que le travailleur collectif élargi a gagné en unité ce qu'il a pris par la concentration du capital. Il est erroné de reproduire mécaniquement sur le terme dominé de la contradiction les aspects du terme dominant. Les caractères *sociaux du Travail sont à l'opposé des caractères sociaux du Capital.*

Mais qu'entend-on par «accentuation de toutes les formes sociales possibles de division sur les rapports économiques productifs»? On veut dire que les mêmes places dans les rapports économiques (production de plus-value absolue et relative) se trouvent séparées à certains degrés dans les autres aspects structuraux. Les agents exploités du travail productif, s'ils sont d'abord déterminés par le fait qu'ils produisent le capital, se voient en même temps définis par les conditions de ce rapport: séparation dans les salaires, dans les qualifications et statuts, dans les métiers, dans les sexes, dans les lieux de travail (ville/campagne), dans les branches, dans les secteurs, dans la division technique, etc.

Ces formes de divisions sont des aspects des conditions objectives de reproduction de classes. Elles concourent à la séparation idéologique et juridico-politique des ouvriers entre eux. Les degrés et l'unité atteints par ces divisions correspondent au stade de la périodisation du mode de production d'une part et à celui de la lutte des classes d'autre part.

Par exemple, du point de vue du rapport économique qui sépare Capital et Travail, l'extorsion de capital sous la dominance de la *forme intensive* et par le fait-même, l'accentuation du processus de déqualification du travail, sont caractéristiques du stade actuel : une dégradation qui s'accompagne de réductions et de ramifications dont le visage de l'unité réelle est sans cesse camouflé. On aura donc retenu du processus très général de développement du rapport Capital-Travail, que maintes divisions pour l'un représentent la concentration pour l'autre. C'est un premier élément d'ordre général. Ensuite, la périodisation générale qu'a traversée le capitalisme dans ce mouvement conduit à souligner les différenciations introduites par les stades concurrentiel et monopoliste. Ainsi, au stade concurrentiel, se trouvent des formes d'exploitation et de rapports sociaux repérées comme aspects *dominés* au stade actuel.

Au stade de l'impérialisme, tous les aspects qui définissent les places des classes sociales témoignent de l'hégémonie monopoliste : l'intensification de l'exploitation par la concentration *tend à s'étendre à tous les rapports.*

Comme il se doit, on s'arrêtera d'abord aux formes dominantes de l'antagonisme général. Les rapports de production monopolistes modifient toutes les formes des rapports juridiques idéologiques et politiques. Comme c'est mon propos d'en faire l'objet plus détaillé pour chacune des classes sociales, je me contenterai maintenant d'en énoncer les traits généraux.

Dans l'ensemble, les rapports monopolistes s'accompagnent, sur le plan économique, de toutes les conditions assurant l'augmentation du rythme de l'extorsion de plus-value dans un temps limité donné ; c'est en même temps la réduction de la valeur de la force de travail. Ces conditions, en tant qu'économiques d'abord, *accentuent* la séparation des ouvriers de tout contrôle du procès et des moyens de travail. Cette aggravation est entraînée par la centralisation du contrôle global en de moins en moins d'unités autonomes, conséquence des fusions sans cesse croissantes des capitaux.

Au niveau de l'ensemble de la division sociale du travail, l'intensification de l'exploitation et la concentration se traduisent par la ramification des instances du procès de production et des éléments du procès de travail ; par ricochet, c'est l'élargissement de travaux parcellaires réunis par le Capital monopoliste ; c'est le développement à l'échelle de toute la société de formes complexes de répression ; c'est la confrontation du travail intellectuel et du travail manuel sous la dominance de la déqualification ; c'est l'asservissement du travail féminin par le travail double, travail familial et travail social ; c'est la subordination au capital monopoliste de toutes les couches sociales.

L'analyse des classes sociales du capitalisme actuel doit donc retenir ces distinctions au sein des rapports sociaux en introduisant, dans la théorie des classes, les effets de la concentration. C'est ce que je tenterai de faire pour chacune des classes sociales actuelles. C'est exposer en même temps le cadre conceptuel et l'ordre utilisés dans les chapitres qui suivent pour l'analyse des classes en lutte au Québec.

2. Éléments pour l'analyse de la bourgeoisie

Celle-ci, pas plus que le capitalisme, n'est tombée du ciel. Phénomènes interreliés, capitalisme, bourgeoisie et fonctions du capital procèdent, dans leurs formes diverses, de stades historiques donnés dans l'accumulation de richesses. On parlera d'abord de capital productif pour la fonction industrielle, et de capital improductif pour les fonctions commerciale et bancaire ; enfin, le capital financier est composé de la fusion des banques et de l'industrie et il se place sous la bannière productive.

Mais comme on l'a dit plus haut, chaque classe sociale s'articule différemment aux rapports qui prennent naissance dans la production. L'accélération du processus de production de nouvelles marchandises est le but de tous les autres moments. C'est pourquoi toutes les fractions de la bourgeoisie concourent à l'accumulation. Celle qui détient le rôle principal est la fraction qui sert à transformer l'argent en marchandise, la fraction du capital productif. La bourgeoisie industrielle et financière assigne donc le rythme des autres moments, elle détient en somme la responsabilité de toutes les autres fractions. C'est pourquoi elle s'associe aux *conditions mondiales* les plus propices à remplir sa mission. Inversement, la classe ouvrière, qui tient dans ses mains la force nécessaire à la production des richesses est, parmi toutes les couches sociales exploitées par le Capital, la seule qui détient les moyens directs pour que le processus d'exploitation cesse, pour elle-même et pour les autres classes exploitées.

Les différentes phases de l'activité du capital qui contribuent indirectement, dans d'autres sphères, à l'accumulation sociale des richesses, se tiennent par ailleurs dans une relative autonomie par rapport au capital productif. C'est pourquoi les fractions bancaire, commerciale, industrielle et financière engendrent parfois des contradictions entre elles qui proviennent de cette autonomie. On sait d'ailleurs très bien que, par exemple, les options ponctuelles des banquiers ne font pas toujours l'affaire des commerçants, et que ceux-ci ont leur mot à dire au sujet de l'écoulement du surplus, etc. Par ailleurs, chaque fraction croît dans des proportions diverses : on connaît des portions de capital qui se fondent, s'imbriquent, et d'autres qui persistent à demeurer séparées et même disparaissent. Cet ensemble de phénomènes distincts constitue la base des scissions au sein de la bourgeoisie : moments dans la production d'ensemble et stades de la concentration qui amènent tous deux la naissance des fractions.

Naissance et mort de certaines fractions au sein de la bourgeoisie

La concentration dans le mode de production capitaliste est un phénomène inévitable. Quoiqu'on nous laisse croire que la concentration soit un accident du progrès industriel, il ressort à une observation rigoureuse qu'elle n'est que la transformation des rapports de production capitalistes sous le poids des contradictions engendrées par les fruits de l'exploitation. Pourtant, la multiplication des richesses n'était-elle pas une fin pour les capitalistes? Qu'a-t-elle alors de contradictoire?

La concentration est une solution à court terme à une augmentation de la valeur des moyens de production plus rapide que celle des fruits du travail, *tendance* portant vers un abaissement du *taux* de profit dans son ensemble. La concentration, elle-même remède à court terme, engendre à son tour d'autres maux. Cependant, pour la bourgeoisie actuelle, la concentration est devenue inévitable.

Dans la société capitaliste, *ne concentre pas qui veut*. Ainsi, de larges secteurs de l'activité économique sont encore aux mains de capitalistes individuels, aux prises avec des difficultés menant souvent aux abords de la ruine. Ces sphères de l'économie, allant parfois jusqu'à envelopper des branches tout entières, ne se partagent qu'une infime part du capital social. Or, la détention de l'hégémonie au sein de la bourgeoisie actuelle étant l'attribut du capital monopoliste, il s'ensuit que les intérêts de cette fraction mèneront la et les politiques. Quand il le faut, la fraction monopoliste absorbe les entreprises non monopolistes qu'elle juge nuisibles pour la bourgeoisie tout entière, et pour sa propre hégémonie. Inversement, dans les mêmes intérêts, d'autres secteurs non monopolisés seront conservés. Il y a donc une interdépendance complexe entre ces deux fractions. Pour opérer l'analyse des luttes de classes, il est essentiel de déterminer les secteurs et domaines de l'activité sociale qui sont aux mains de l'une et de l'autre de ces fractions ainsi que les détenteurs de ces capitaux.

Les fractions monopoliste et non monopoliste de la bourgeoisie

La baisse tendancielle du taux de profit, liée à la concentration, se manifeste dans les branches de la production de marchandises (extraction, construction, usines de fabrication, transport de marchandises etc.). L'analyse de la répartition des branches du capital productif selon le taux de profit n'est alors rien d'autre que celle du processus de fractionnement des classes, dans la mesure où la reproduction élargie du capital engendre tout un ensemble de conditions idéologiques et politiques. En effet, il ne faudrait pas croire que le maintien d'un taux de profit moyen n'a de formes qu'économiques.

S'il est à la base de luttes au sein de la bourgeoisie financière, ce mouvement entraîne aussi avec lui tout un réseau de facteurs actifs agissant sur la constitution des classes, des fractions. En fait, ce sont les classes, déterminées par leurs intérêts propres qui agissent, chacune à sa manière, pour modifier leur rapport au Capital et au Travail ; cette lutte évolue suivant les effets historiques qu'elle produit et, ainsi, transforme à nouveau ses propres conditions. C'est pourquoi l'on dira que ce mouvement, qui part du Capital et du Travail, agit sur l'un et l'autre terme dans la mise en œuvre des formes de la lutte, ce qui peut revenir à dire que les classes ainsi constituées agissent encore sur leur propre constitution, à travers les effets du processus qui les sépare.

On constate facilement que la division entre bourgeoisie et prolétariat, au Québec, par exemple, est aujourd'hui définie par le stade de la reproduction élargie du Capital. Or cette reproduction rencontre des obstacles dans sa réalisation, car celle-ci se poursuit, non pas mécaniquement, mais dans des luttes irréductibles entre les classes du mode de production capitaliste. C'est le procès même de ces luttes que l'analyse de la baisse tendancielle du taux de profit et de ses résistances vise à éclairer. Comme je l'ai dit plus haut, la découverte de la nature propre de la bourgeoisie et de la classe ouvrière passe par cette connaissance des conditions concrètes de la reproduction du rapport Capital-Travail.

L'analyse du taux de profit renvoie immédiatement à celle du taux d'exploitation, et par là, aux rapports de production spécifiques de ce mode. Le matérialisme historique nous apprend que le pouvoir des classes dominantes se fonde sur l'accumulation du surproduit social ; le mode de production capitaliste, à cette fin, est une forme particulière de poursuite de ce surproduit. Or, Marx dit encore qu'alors-même que l'exploitation du travail est considérée comme le moyen permettant d'assurer et d'accroître l'accumulation, le fruit de cette exploitation, dans le capitalisme, tend à baisser. Cette contradiction qui, en fait, est la figure d'une tendance irréversible, passe par des stades inégaux marqués par les moyens divers que la bourgeoisie utilise pour contrer sa propre défaite.

En cours de route, et la classe ouvrière et la bourgeoisie entrent dans des rapports sans cesse se modifiant, rapports propres à annoncer les conditions ponctuelles du parcours.

Comment, à l'intérieur *d'une chaîne d'industrie unies par un même réseau de mise en valeur* (même marché), les divers capitaux se comportent-ils face à cette baisse ? Quels sont les effets particuliers tirés de ce mouvement sur les formes des rapports de production, puis sur les procès de travail et sur la division sociale du travail? En d'autres mots, comment les classes et la lutte des classes sont-elles modifiées par rapport à cette tendance?

Le mode de production capitaliste, sous le primat de l'extorsion de la plus-value, suit un processus de concentration qui agit sur les rapports de production. L'étude de ce procès de concentration-reproduction élargie, revient donc à poser la question des formes des rapports de production, c'est-à-dire la question des transformations internes des classes. Avant de m'engager sur le plan concret, je vais aborder cette question d'un double point de vue théorique:

1. Du point de vue du procès de production du capital, c'est-à-dire en rappelant les voies particulières de l'accumulation capitaliste.

2. Du point de vue du procès de reproduction élargie du capital, et donc des nouveaux procès de travail induits par ces rapports de production.

2.1. Le procès de production du capital et sa finalité organique

Inutile d'expliquer ici la loi même de la baisse tendancielle. Pourtant, il est d'une importance nette pour l'analyse concrète de discerner l'ensemble des relations qui l'affectent. À cette fin, on désignera, en rappel, que l'extorsion de plus-value opposant principalement les capitalistes productifs et les ouvriers tente de se réaliser au moyen d'une diminution relative du capital variable d'une part, ce qui, d'autre part, demande l'augmentation du capital constant (à la fois condition et effet de l'accumulation). Paradoxalement, ce qui consitue, donc, *la nouvelle composition organique du capital* ne cesse de s'élever pour répondre au besoin insatiable de *nouveau capital*. Dans ces conditions abstraites, le taux de profit étant la grandeur proportionnelle du nouveau capital par rapport au capital total avancé (coûts de production), celui-ci ne cesse de baisser. Dans la réalité, le processus rencontre des contre-tendances effectives (politiques et économiques) venant des luttes de classes. La diminution du taux de profit est donc inversement proportionnelle à la composition organique du capital, *deux facteurs qui nous renvoient simultanément* au stade de la concentration avancée des forces productives, donc à la dominance du capital monopoliste et, du point de vue des classes, à l'hégémonie de cette fraction.

Cependant, cette tendance générale rencontre des effets contradictoires dans son procès de réalisation concret. D'une part, certaines branches réussiront à maintenir un taux de profit relativement stable ou encore l'augmenteront, par ailleurs d'autres souffriront de taux régressifs. Ces effets concrets, issus de l'extorsion de plus-value, entraîneront une succession de mouvements réciproques allant des capitaux d'une branche à ceux d'une autre. Le Capital, dans cette soif effrénée de profit, met en œuvre une série de *moyens* pour contrer les difficultés qui concourent à sa destruction. C'est dans son procès de reproduction que ces moyens se dévoilent.

Quels sont donc les effets sur la bourgeoisie (et sur le prolétariat), de ces mouvements?

2.2. Effets sur la bourgeoisie du fractionnement entre capital monopoliste et non monopoliste

Celle-ci, au niveau du capital productif, se scinda d'abord principalement en capital monopoliste et en capital non monopoliste. Le premier, le capital financier, monopoliste, recèle des contradictions internes entre fraction bancaire et fraction industrielle et des contradictions avec les fractions non monopolistes. Toutes les fractions du capital tentent d'agir sur le maintien du taux de profit moyen et par là produisent des effets propres sur la classe ouvrière. Ce processus recoupe un certain nombre de facteurs qui sont en rapport direct avec les éléments constitutifs du taux de profit, à savoir, avec le taux d'exploitation et avec la valeur des moyens de production. Du point de vue du capital non monopoliste, par exemple:

1) On observe une composition organique du capital relativement plus faible; ceci est dû, à la fois au rapport de force, et à la fonction économique et conjoncturelle de ces branches (produit et conditions de production).

2) Par un taux de productivité relativement plus bas (faible degré de mécanisation), ce secteur est à même, tout en maintenant l'équilibre de son capital constant, d'augmenter son taux d'exploitation par le biais de la plus-value absolue, obtenue par une journée de travail plus longue pour un même salaire — ou de même durée pour un salaire inférieur — (s'agissant ici d'un rapport à la valeur moyenne), et aussi au moyen du paiement au rendement, ou bonus.

3) La persistance de secteurs non monopolisés représente, pour les deux fractions de la bourgeoisie, un avantage *et* un inconvénient. Pour la fraction monopoliste, il est certain que son intérêt va dans le sens d'un accroissement de sa masse de plus-value et vise donc un procès d'accumulation-concentration que la bourgeoisie non monopoliste peut tenter de freiner. Par ailleurs, celle-ci, déterminée par le besoin de réduire ses coûts de production, d'augmenter le surtravail, est entraînée dans un mouvement de socialisation progressive de tous ses procès de travail. C'est ainsi que s'observe une *tendance* à l'absorption des branches non monopolistes en même temps que la conservation d'une partie de celles-ci est requise. Enfin, il en ressort que les sources du pouvoir de la classe dominante, propriété et possession, se séparent dans le

capital monopoliste, ce qui a pour effet politique la complexification des rapports hégémoniques devant la fraction non monopoliste visant, elle, à préserver l'autonomie de son contrôle sur les procès qu'elle recouvre.

Dans les rapports de production monopolistes, les pouvoirs de la propriété économique (Conseils d'administration, par exemple) ne sont pas détenus par les mêmes agents que les pouvoirs de la possession ou que le contrôle du procès de travail (managers de toutes sortes). Pourtant, ces deux ensembles appartiennent à la même fraction de classe ; parfois la propriété économique est détenue à l'extérieur des limites juridiques et politiques où elle est exercée par la voix des cadres, managers, etc. Dans ces cas, la fraction monopoliste autochtone se trouve quasi unanimement composée des agents de la possession, la propriété monopoliste ayant la plupart de ses bases à l'étranger. Par contre, les places du Capital occupées par les rapports non monopolistes font remplir par les mêmes agents ces deux fonctions de l'exploitation.

Les rapports entre ces deux fractions sont à la fois division et inter-dépendance. Le capital non monopoliste cherche à se protéger contre l'absorption monopoliste ; c'est ce qui devient la condition et la base de son unité. N'étant pas le porte-parole de l'impérialisme, la bourgeoisie non monopoliste n'en est pas moins l'allié le plus servile dans la mesure où, si elle veut survivre, elle ne peut compter que sur les mêmes moyens : accroître l'extorsion de plus-value relative et la coercition idéologique, juridique et politique de classe au niveau de la société et de tous ses appareils.

En résumé

L'analyse actuelle de la bourgeoisie dans les formations sociales dominées par les rapports monopolistes passe par l'étude des indices suivants : 1) étude de l'espace occupé dans la chaîne productive interne par les rapports monopolistes ; 2) étude de l'espace occupé dans la circulation interne – marché – par les rapports monopolistes ; 3) étude de l'articulation entre les fonctions internes et externes du capital monopoliste prenant origine dans le cas étudié, c'est-à-dire nature des fonctions internes (propriété ou possession) de ce capital et importance de chacune, d'une part ; définition des moments d'intervention dans les rapports externes d'autre part, étude de l'incidence de cette articulation observée à l'intérieur ; 4) étude des facteurs favorables aux rapports monopolistes ; 5) étude des facteurs favorables aux rapports non monopolistes ; 6) étude des liens entre rapports monopolistes et non monopolistes ; 7) étude des contradictions contenues dans les rapports monopolistes puis non monopolistes ; 8) détermination des mouvements et déplacements susceptibles de se produire à l'intérieur et à l'extérieur de la situation concrète; 9) étude de l'importance des interventions politiques de l'État en faveur des rapports monopolistes et non monopolistes et de la situation des divers appareils de l'État répressif et idéologiques comme champs de lutte de ces fractions.

Enfin, avant de terminer, quelques mots sur le caractère «*social*» de cette division, à savoir autour du fait que la séparation en fraction monopoliste et non monopoliste n'est pas seulement économique? Première raison: le mode de production capitaliste, *arrivé à ce stade*, commande la dominance de l'État au niveau de tous les rapports sociaux. Le capital monopoliste est étroitement lié à cette intervention dans la mesure où *la réalisation de son hégémonie passe nécessairement par l'État*. Sans l'État monopoliste, pas de frein à la baisse du taux de profit. Deuxième raison: l'augmentation de la plus-value relative, de la concentration, comme contre-tendance à la baisse du taux de profit, repose sur des facteurs idéologiques, juridiques et politiques. *Concevoir ce fractionnement comme essentiellement économique est une vision de l'esprit.*

Ce dernier point est fondamental. À l'heure actuelle, toutes les luttes politiques de classes sont confrontées aux différences qu'impriment sur la division sociale du travail le fractionnement du Capital en rapports monopolistes et non monopolistes. Il est donc net que l'on doit d'abord cerner, dans toutes les sphères des activités économiques, les bases des uns et des autres: *première division*. Ensuite, on devrait longuement s'attarder aux autres aspects sociaux que prend cet affrontement structurel. Qu'on pense, par exemple, à la nouvelle forme de l'idéologie correspondant à la concentration monopoliste qu'est le technocratisme.

L'analyse de classe de la bourgeoisie passe donc par le découpage des rapports monopolistes *sachant que l'existence de ceux-ci est une mesure du rôle actif de l'État*. Pour opérer cette analyse, la distribution des places s'observe comme suit:

1. places de l'hégémonie monopoliste recouvrant séparément la propriété économique réelle et la possession de plusieurs unités, ainsi que les divisions entre fonctions du capital;

2. places du capital non monopoliste dans la propriété économique et la possession conjuguées au sein des mêmes unités, ainsi que les divisions entre fonctions;

3. places dans l'appareil d'État. Par ailleurs, s'il appert que des appareils reliés juridiquement à l'État peuvent servir, dans la lutte des classes, de base pour la lutte d'une fraction, ce facteur doit être traité dans l'analyse

de la conjoncture. Il ne constitue pas un élément structurel du fractionnement, mais une de ses manifestations.

Enfin, il faut reconnaître que l'analyse concrète pose l'énorme problème du repérage des indices des rapports monopolistes et non monopolistes. Pour parvenir à connaître les bases réelles de cette division, il faut procéder par des détours. Eu égard à ce problème, j'ai retenu que le comportement du capital dans une branche est dicté : a) par son taux de profit et b) par l'équilibre entre sa composition organique et son taux d'exploitation. Par ce biais, l'analyse concrète suggère que les déplacements dans une branche tirés des éléments constitutifs du taux de profit servent d'indice privilégié des rapports de classe au sein de la bourgeoisie.

Les effets que j'en tirerai au niveau du Travail témoignent du rôle de commandement du Capital sur les formes de la division sociale dans le mode de production capitaliste.

3. Éléments pour l'analyse de la classe ouvrière

La classe ouvrière ou prolétariat, c'est le travail productif. En effet, *l'existence du rapport Capital, c'est nécessairement la création de nouvelles valeurs.* Celles-ci naissent dans l'exploitation du travail productif. Le rapport Travail se définit donc comme le rapport social lié à la *production* de nouvelles valeurs. a) La base de classe du prolétariat c'est l'exploitation qui produit les valeurs d'échange ; b) le rapport d'exploitation qui oppose le Travail au Capital est caractérisé par toutes les conditions *sociales* de cet antagonisme, c'est-à-dire par la séparation de tout contrôle et de tout rapport de domination. Les places du travail intellectuel, du travail improductif et du travail de surveillance sont distinctes du rapport Travail, *i.e.* de la classe ouvrière.

À l'aide de ce qui précède on peut affirmer que le Travail est *la production de valeur d'échange sous la forme de marchandises sociales par un travail manuel limité à la plus stricte exécution.* Tous les autres travaux distincts par l'un ou l'autre aspect de celui-ci n'appartiennent pas à l'antagonisme de base entre Capital et Travail mais à des formes complémentaires de reproduction qu'il conditionne.

Maintenant qu'est posée cette définition, on pourra parler des aspects internes du rapport Travail en commençant par énoncer les effets de la concentration sur la classe ouvrière.

3.1. Effets des rapports monopolistes sur la classe ouvrière

Les contradictions motrices que nous avons repérées, au stade actuel, n'ont de véritable intérêt que dans la mesure où, connues, elles seront le moteur des luttes de la classe ouvrière.

Aux fins d'éclairer ce propos, il est donc pertinent d'avancer un certain nombre d'éléments sur la constitution de celle-ci.

Le premier élément, quant à la reproduction élargie du capital, — du point de vue de la classe ouvrière —, est le taux donné d'exploitation ou d'extorsion du surtravail. La résistance ouvrière à l'élévation de ce taux —absolu et relatif — prend des formes multiples d'une part, et celui-ci rencontre des conditions économiques distinctes d'autre part, selon qu'il s'agira du capital monopoliste ou non. *La division des branches selon les éléments constitutifs du taux de profit assigne donc aussi une place aux agents de la classe ouvrière*, à chaque maillon de la chaîne qu'est le procès de production, place elle-même *définie* par les contradictions au sein de la bourgeoisie comme forme concrète de la contradiction Capital-Travail.

Ensuite, la division des procès de travail, selon qu'ils relèvent du capital monopoliste ou non, renvoie aux conditions idéologiques et politiques de la reproduction élargie. Ces conditions ont un effet de fractionnement au sein de la classe ouvrière. Ainsi, on dénombrera certains points de division selon les procès socialisés par le capital ou non. L'entreprise, lieu de réalisation du procès de production, constitue un appareil de reproduction ponctuel du rapport Capital-Travail. Ces divisions prennent ces formes :

1) *Modifications dans les aspects juridiques et politiques des rapports de production entre unités monopolistes et non monopolistes :*
   a) distinctions dans le salaire et dans le mode rémunération (bonus);
   b) distinction dans la durée absolue et relative de la journée de travail ;
   c) distinction dans les diverses conditions de travail (vacances, échelle, ancienneté, classification des machines, accidents, etc.);
   d) syndicalisation-législation du travail, etc.

2) *Modifications dans les aspects idéologiques et politiques des rapports de production :*
   a) distinctions dans les modes et dans les conditions immédiates de la surveillance (contremaître-ouvriers);
   b) distinctions dans les formes de la coopération au sein du travailleur collectif ;
   c) distinction dans les formes de la division sociale et technique du travail (plus ou moins développée, hiérarchisée);

d) degrés divers dans l'emploi du travail intellectuel et manuel;
e) distinctions dans le degré de socialisation interne de fabrication du produit par unité, etc.

Ainsi qu'on vient de l'indiquer, le processus général de concentration représente le cadre de la nouvelle division du travail. Du point de vue du travail productif, le processus de reproduction élargie du capital engendre aussi des transformations des places. Comme pour la bourgeoisie et pour les autres classes sociales, ces modifications surgissent à partir du terrain défini par la concentration des rapports de production. Dans le cas du rapport Capital, le mouvement de dissociation entre la propriété économique et la possession représente l'effet de la concentration et un support de ces divisions. Dans le cas du Travail, *l'intensification du processus d'extorsion de plus-value* creuse les formes nouvelles du rapport d'exploitation. Ces formes varieront et se multiplieront autour de l'écart entre exploitation intensive et extensive. C'est là qu'on trouvera l'amorce des effets produits sur la classe ouvrière par les rapports monopolistes/non monopolistes.

Mais qu'imprime sur les places l'intensification du rapport d'exploitation et, en fait, existe-t-il un lien direct entre ce mouvement et la division entre unités de production? En d'autres mots, veut-on laisser entendre que l'extorsion de la plus-value absolue se retrouve dans les entreprises concurrentielles et la plus-value relative dans les unités de production monopolistes? Pour répondre à ces questions, il est d'abord nécessaire de faire référence au rapport de production en tant que dénominateur commun; ensuite s'enchaîneront les niveaux de transformations liés à celui-ci.

La double forme de l'exploitation

En fait, l'analyse de la division sociale au sein des ouvriers productifs contient une *ambiguïté apparente*. La classe ouvrière peut-elle être divisée ou forme-t-elle plutôt exclusivement le terme antagoniste et unitaire de l'opposition au Capital? La classe ouvrière est *unité* dans la mesure où tous les ouvriers sont fondamentalement déterminés par la production de plus-value sociale, mais elle est également division dans la mesure où ce procès de production-même est partagé, c'est-à-dire qu'il s'opère à travers des mouvements relativement différents. On aura reconnu la différence entre extorsion de plus-value absolue et de plus-value relative, entre concentration et séparation, des divisions *sociales* qui font appel à toutes les *composantes historiques* et du mode de production capitaliste et de la situation concrète donnée. Les formes relatives de la division sociale au sein des ouviers productifs ne posent donc pas un faux problème.

Cependant, cette problématique a deux aspects qu'il ne faut pas laisser dans l'ombre. Le premier est que la détermination fondamentale de classe des ouvriers est, pour des raisons théoriques évidentes, marquée par l'unité : il n'y a dans cet ensemble que ceux qui produisent le capital et lui sont soumis. En second lieu, réunis par ce *procès commun*, ils sont également caractérisés par ses *formes de réalisation, formes complexes et combinées* : ainsi, il existe, parmi les ouvriers, une *combinaison de places liées* entre elles par un ensemble aux caractères particuliers. Cette couche sera principale dans la mesure, justement, où elle *concentre les caractères de l'unité* (processus de production de capital et formes distinctes), c'est-à-dire toutes les contradictions du procès capitaliste de production ; nous reviendrons plus loin sur l'explication de ces questions.

Bref, il s'agit pour l'instant des mouvements qui renvoient à des *modifications internes* quant au procès de production-reproduction de l'exploitation capitaliste. Que l'on se résume en disant : 1) que les deux formes d'extorsion de plus-value relative et absolue renvoient aux modes abstraits et concrets d'accumulation capitaliste dans les procès et sur les places ; 2) que la distribution entre rapports de forme monopoliste et non monopoliste est fondamentale et reproduit les contradictions du système dans son ensemble.

Le problème de la division au sein des ouvriers

Comment procéder, donc, en ce qui concerne la démarcation des divisions au sein des ouvriers productifs ? L'assignation des ouvriers à des entreprises de type monopoliste ou non a, bien évidemment, des effets très importants au niveau des procès de travail et donc des conditions spécifiques, politiques et idéologiques de la formation de l'antagonisme de classe. Par exemple, les ouvriers d'une petite entreprise de scierie du bois réalisent leur opposition à la classe capitaliste dans des formes idéologiques et politiques relativement différentes de celles des ouvriers de l'industrie chimique d'établissements de 1 000 ouvriers et plus. Cet *indice* concret qu'est le nombre d'ouvriers a donc une certaine importance pour l'analyse des rapports sociaux ; encore faudrait-il pouvoir y ajouter d'autres connaissances sur la taille des établissements, sur leur lieu, sur leur marché, etc.

Cependant, la division sociale au sein des agents du travail productif, avant d'être l'application rigide des divisions entre formes actuelles des rapports de production, passe par des divisions plus générales qui se retrouvent, ou ne se retrouvent pas, dans la séparation entre ouvriers des entreprises monopolistes ou non. Il s'agit de toute la question, posée plus haut, de *l'articulation entre les formes de l'extorsion* extensive de surtravail, et celles de l'extorsion intensive, *question qui ne se réduit pas à la séparation entre les ouvriers des entreprises monopolistes et les autres.* Car, s'il existe bien un rapport entre ces deux aspects de la même division, *ce rapport se produit au niveau de tout l'ensemble de ces places,* toujours sous l'effet de leur unité principale. La division sociale au sein des agents du travail productif est donc une division qui traverse l'ensemble des secteurs, des branches ou des industries de ce procès. C'est une tendance qui offre des traits plus ou moins marqués selon les phases.

Par ailleurs, la séparation des branches, selon qu'y prévaut un procès extensif ou intensif d'exploitation, est également juste dans la mesure où elle est *l'expression* des formes *dominantes* des rapports sociaux au sein des branches principalement monopolisées ou non, d'une part, et que, d'autre part, elle confirme la *présence combinée* des deux formes d'exploitation *dans tous les procès,* l'une étant selon chaque cas, *principale ou secondaire*; — dans l'ensemble, il va sans dire, les branches principalement monopolisées sont aussi celles où se réalise le plus haut taux d'exploitation par le biais de l'extorsion de plus-value relative.

Cependant, une fois ce constat établi et expliqué, reste entièrement posée la question des *bases matérielles* par lesquelles ce procès intensif s'instaure, c'est-à-dire qu'il faut aussi poser la question des *transformations concrètes* que le processus historique contient et amène *sur les agents,* ou disons, sur leur place. C'est alors qu'il faut se tourner vers les éléments des procès de travail, force de travail (support de la place des agents) et moyens de travail, et bien entendu, du côté de leur *rapport* comme facteur subjectif et facteur objectif; là se trouve toute la *question des lieux d'émergence* de la division sociale au sein du travail collectif.

Pour avancer dans cette voie, je vais faire appel à quelques extraits de l'analyse de Marx sur le «Machinisme et la grande Industrie[2]», à partir précisément de la question qu'il pose comme suit : «*Comment le travail est-il rendu plus intense*[3] ?» Dans la suite de son exposé, Marx développe deux idées principales en rapport avec l'analyse de la division sociale à l'intérieur du travail productif.

La première de ces idées concerne le procès historique de transformation de la division du travail au sein des ouvriers productifs qui conduit aux formes actuelles. Marx s'exprime ainsi: «Bien qu'au point de vue technique,

---

2.   K. Marx, *le Capital,* Paris, Éditions sociales, 1969, t. I, p. 270-365.
3.   *Ibid.,* p. 296.

le système mécanique met fin à l'ancien système de la division du travail, celui-ci se maintient néanmoins dans la fabrique, et *tout d'abord comme tradition léguée par la manufacture*; puis, le capital s'empare de l'ancien système de division du travail pour le consolider et le reproduire sous une forme encore plus repoussante, comme moyen systématique d'exploitation. La spécialité qui consistait à manier pendant toute sa vie un outil parcellaire devient la *spécialité de servir* sa vie durant une machine parcellaire[4].» Cette citation introduit d'elle-même la seconde idée que l'on trouve chez Marx, essentielle pour comprendre les divisions dans la classe ouvrière.

«La gradation hiérarchique d'ouvriers spécialisés qui la caractérise est remplacée dans la fabrique automatique par *la «tendance» à égaliser ou à niveler les travaux* incombant aux aides du machinisme... il n'y a plus nécessité de consolider cette distribution en enchaînant, comme dans les manufactures, pour toujours, le même ouvrier à la même besogne... un changement continuel du personnel n'amènerait aucune interruption dans le procès de travail[5].» Une face de ce processus est la dissémination, parcellisation, non qualification du travail.

Les transformations au sein des ouvriers dans la production, leurs divisions relatives, concernent donc deux mouvements liés qui sont d'une part, la *conservation* de la spécialisation héritée de la manufacture et que, en principe, on devrait trouver plus fortement implantée dans les unités de production non monopolisées de type moins concentrées et donc moins automatisées; le second mouvement, d'autre part, tend à *dissoudre* cette spécialisation (liée, comme dit Marx, aux «bornes personnelles de la force humaine») et à rendre les travaux de même usage: c'est la *déqualification* du travail.

3.2. Définition concrète du procès de qualification-déqualification du travail

Dans le mode de production capitaliste, au stade de la reproduction élargie, qu'est-ce que le travail qualifié? Qu'est-ce que le travail déqualifié? Je ferai encore appel à l'étude la plus poussée du mode de production capitaliste, *le Capital,* dans laquelle Marx dit dit: «... dans l'une le travailleur collectif ou le corps de travail social apparaît comme le *sujet* dominant et l'automate mécanique comme son *objet*. Dans l'autre, c'est l'automate même qui est le sujet et les travailleurs sont tout simplement adjoints comme or-

---

4.   K. Marx, *op. cit.,* p. 304. [C'est moi qui souligne.]
5.   *Ibid.,* p. 303. [C'est moi qui souligne.]

ganes conscients à ses organes inconscients et avec eux subordonnés à la force motrice centrale[6]». Sans vouloir faire dire à Marx que la première définition désigne explicitement le travail qualifié, selon moi elle en fournit les bases générales: le travail qualifié est celui qui *renvoie* à l'action du travailleur comme étant l'aspect principal des éléments du procès de travail; le travail qualifié est celui qui fait reposer sur l'ouvrier ou l'ensemble des ouvriers qualifiés la spécificité de la marchandise. Ainsi, 1) on voit que cette qualification du travail peut être de qualité, de degré, de valeur d'usage variés tout autant qu'elle requiert plus ou moins d'adresse, d'habileté et même de savoir faire ou de «qualification»... 2) de plus, et c'est ce qui est ici important, cette définition fait référence «à la tradition léguée par la manufacture». Alors, comment pouvons nous tirer des formes d'un procès de travail qui sert de *transition* entre la manufacture et l'industrie capitaliste une définition du travail qualifié applicable aux procès de travail socialisés?

Cette question m'apparaît en effet très pertinente. Pour deux raisons. La première est qu'elle fait judicieusement référence aux phases et stades du mode de production capitaliste et à leur articulation aux formes concrètes des rapports sociaux; la seconde est qu'elle sous-entend la question du procès historique de déqualification du travail par le Capital. Ces deux raisons sont particulièrement importantes. Pour toutes deux il faut se rappeler que les formes de la division sociale du travail renvoient aux rapports de production: le travail qualifié de la manufacture (phase de transition) et le travail qualifié de l'entreprise monopoliste (stade de la reproduction élargie) sont tous deux liés à l'extorsion de la plus-value, que ce soit dans la soumission formelle ou réelle au Capital. D'ailleurs, l'extorsion de plus-value absolue est étroitement liée, ayant pour condition le travail qualifié, à la soumission formelle du travail au Capital; ce n'est pas parce que cette soumission devient réelle et que l'extorsion de plus-value est relative que le travail qualifié disparaît. *Il se transforme* mais sa définition originelle, sa «base abstraite» est toujours la même. Le travail qualifié est celui qui est *séparé* sur la base de sa spécialisation relative.

Quant à la seconde définition que Marx tire, elle me semble être en tout point le support le plus *actuel* du travail déqualifié, de l'entreprise monopoliste ou non monopoliste. «La rapidité avec laquelle les enfants apprennent le travail à la machine, supprime radicalement la nécessité de le convertir en *vocation exclusive d'une classe particulière* de travailleurs. Quant aux services rendus dans la fabrique par les simples manœuvres, la

---

6.   K. Marx, *op. cit.,* p. 203. [C'est moi qui souligne.]

machine peut les suppléer en grande partie, et en raison de leur simplicité, ces services permettent le changement périodique et rapide des personnes chargées de leur exécution[7].»

Cette citation incite à deux remarques. 1) Marx y fait explicitement allusion à la division qui sépare les ouvriers déqualifiés des ouvriers qualifiés («à vocation particulière»); 2) de plus, elle fait référence aux deux aspects les plus actuels de la déqualification du travail qui sont: a) le travail vivant «peut-être suppléé par la machine» et, b) les agents de ce travail sont interchangeables c'est-à-dire que le travail acquiert une valeur d'usage uniforme. Le premier phénomène s'observe à travers le chômage massif et croissant, le second à travers les déplacements et remplacements des forces de travail, autant à l'intérieur d'une même unité de production que des unes aux autres.

Dans les entreprises monopolistes et dans un bon nombre d'entreprises en voie de monopolisation, la division du travail présente donc l'ensemble des agents du travail productif déqualifié comme suit: «La classification fondamentale devient celle des travailleurs aux machines-outils et des manœuvres... Parmi ces manœuvres se rangent plus ou moins tous les *feeders* (alimenteurs) qui fournissent aux machines leur matière première[8].» De l'autre côté se trouvent les ouvriers productifs du travail qualifié.

Pour revenir à la question initiale, on peut maintenant répondre que le travail est rendu plus intense quand «la virtuosité passe de l'ouvrier à la machine», quand le travail humain est déqualifié, quand la spécialisation de certains travailleurs à la production n'est plus que le titre que lui concède le capitaliste pour maintenir, par le biais des rapports juridiques et idéologiques, une division parcellaire au sein du travailleur collectif. Il demeure donc qu'il y a un mouvement de conservation-dissolution des travaux spécialisés remarquable dans des formes concrètes diverses et même contradictoires.

L'exploitation actuelle et la qualification/déqualification

Que se passe-t-il donc quant au rapport entre producteur de plus-value absolue et de plus-value relative? On sait que de ces deux formes d'extorsion de capital, l'une se fait par le rendement extensif de surtravail, par le prolongement absolu de la journée de travail (qu'elle prenne la forme d'un salaire moindre pour un temps social égal ou l'inverse), et l'autre par

---

7. K. Marx, *op. cit.*, p. 303-304. [C'est moi qui souligne.]
8. *Ibid.*, p. 303. [C'est Marx qui souligne.]

la réduction du temps de travail nécessaire. Or, comme on le voit, pour expliquer la seconde forme, il fallait la réalisation de la première, d'une part, et, d'autre part, pour la reproduction du procès social d'exploitation, les deux devaient *se combiner*. De ces deux formes, l'une et l'autre représentent les moyens propres et nécessaires de la classe capitaliste pour se soumettre le Travail.

L'extorsion de plus-value absolue et de plus-value relative constitue donc un *seul et même procès* dans lequel ces deux formes sont soit *amalgamées, combinées*, soit *séparées*. En tant que formes *abstraites* elles renvoient à des procès de travail dans lesquels la combinaison des éléments varie selon les cas. Ainsi on pourrait dire que la force de travail habiletée à fournir la plus-value absolue se trouve dans les procès de travail dont l'exploitation dépend moins de la machine que de la capacité propre du travail humain à fournir un surproduit (quoique à l'aide d'instruments): c'est le cas des *ouvriers qualifiés* (désignés, dans les statistiques, comme «ouvriers de métier»). Les ouvriers qualifiés dont l'exploitation se cantonne «à l'état pur» dans cette forme principale se trouvent surtout dans la petite production et dans la production non monopoliste.

Par contre, pour qu'il y ait *surproduction sociale*, il doit y avoir *articulation du travail qualifié* (rendement d'une plus-value absolue) *et du travail déqualifié; cette combinaison sociale* est le propre du travailleur collectif qui réunit dans les mêmes procès des agents habilités à fournir un sur-travail indépendant des conditions relatives du temps social nécessaire et des agents soumis à cette réduction. *Les agents de la plus-value relative* sont donc, ou bien des ouvriers soumis au procès de déqualification du travail, ou bien des ouvriers non qualifiés et des manœuvres. Les agents de la plus-value absolue, eux, sont surtout[9] des ouvriers qualifiés ou spécialisés (ouvriers de métier) aidés de quelques manœuvres.

La composition actuelle de l'ensemble des ouvriers productifs conserve donc une forte *proportion d'ouvriers «qualifiés»* pour les raisons que je viens d'exposer; 1) c'est le produit légué de la division du travail antérieure, plus ou moins adaptée aux formes actuelles des rapports sociaux; 2) c'est également une division qui reproduit les contradictions internes du procès de production capitaliste marqué principalement par la tendance à la concentration et, inversement, par la conservation de certains procès séparés;

---

9.   On entend ici par «surtout» que c'est le fondement principal de l'exploitation extensive en tenant compte du fait que, dans les rapports concentrés, c'est la force de travail déqualifiée et la machine qualifiée qui fournissent ce surtravail.

3) enfin, cette composition contient une part qualifiée du fait que cette qualification sert à la bourgeoisie à masquer le processus réel et ainsi à diviser la classe ouvrière; 4) par ailleurs, et c'est le plus important, plusieurs agents des procès intensifs de travail *réunissent*, à cause de la valeur d'usage spécifique de leur force de travail, le *support* de l'exploitation extensive (valeur d'usage spécialisée) *et* de l'exploitation intensive (valeur d'usage uniformisée). Par ailleurs, il ne faut pas oublier que cette tendance à la déqualification *rencontre des obstacles* qui sont précisément les luttes de la classe ouvrière pour garantir son niveau moyen de salaires dont la conservation de la qualification fixe bien entendu, les sommets de l'échelle.

En résumé

Les points qui viennent d'être énoncés sont les suivants:

1. Les ouvriers productifs sont principalement marqués par *l'unité* qui les constitue objectivement comme classe; leurs divisions sont d'ailleurs les aspects internes même de cette unité.

2. Un ensemble spécifique de ces ouvriers productifs occupe la place principale au sein de toutes les couches dans la mesure où cet ensemble concentre les caractères de l'unité et des contradictions des autres ensembles.

3. Les places du prolétariat excluent le travail intellectuel: les ouvriers productifs sont globalement *séparés des travailleurs intellectuels* dans la mesure où, comme dit Marx, cité plus haut, «la grande industrie mécanique achève, enfin, la séparation entre le travail manuel et les puissances intellectuelles de la production qu'elle transforme en *pouvoirs du capital sur le travail*[10]».

4. Le procès de production est la combinaison sociale des formes extensive et intensive de l'exploitation dont la forme *intensive* représente l'aspect *dominant* de ce procès au stade de la reproduction élargie.

5. Les bases matérielles du procès intensif d'exploitation relèvent du rapport entre les éléments du procès de travail; ce rapport a un double aspect: il opère par un procès de *conservation-dissolution* du travail qualifié. La déqualification est la figure de l'intensification dans les rapports sociaux.

6. Enfin, du point de vue des producteurs, *les agents de la plus-value relative forment une combinaison d'agents qualifiés et d'agents déqualifiés*

---

10. Ce qui, bien entendu, ne suffit pas pour assigner des agents du travail intellectuel aux places du Capital; il faut encore les pouvoirs de la propriété économique et de la possession.

sous le procès dominant de déqualification alors que les agents de la plus-value absolue renvoient à un ensemble principalement qualifié. Le travail qualifié apparaît quantitativement important du fait qu'il sert, d'une part, à la bourgeoisie pour masquer le processus et pour diviser les ouvriers et, inversement, à maintenir, pour la classe ouvrière, le niveau moyen de ses salaires.

Maintenant qu'ont été exposés les grands traits des divisions internes du Travail, on est à même d'en tirer les points d'appui de la division des ouvriers productifs en leurs différentes couches.

1) *L'ensemble principal* au sein de tous les ouvriers productifs du stade monopoliste est donc composé de tous les agents soumis à la fois *aux deux aspects* du procès de conservation-dissolution du travail spécialisé. Il s'agit des agents dont le procès de travail est commandé par l'absorption du travail vivant, procès de travail inscrit dans le procès de production-reproduction et d'augmentation de la composition organique du capital. Cet ensemble est composé de tous les agents dont la *déqualification* du travail est le support principal de l'extraction de plus-value relative, entendu que cette déqualification est combinée au rendement absolu d'un surproduit dont la base matérielle est justement l'absorption de la spécialisation qui ne lui est plus nécessaire. *Les agents soumis à la production intensive de surtravail occupent donc la première place du fait que leur travail s'opère dans des procès qui recouvrent à la fois du travail qualifié et du travail déqualifié.*

2) Ce premier point ne signifie pas, cependant, que les ouvriers non qualifiés, les manœuvres, et les ouvriers spécialisés (appellation consacrée mais qui recouvre justement une couche d'agents non spécialisés) représentent, comme ensemble séparé, la couche principale, du travailleur collectif. Car d'une part, parmi eux, se trouvent des manœuvres associés au travail qualifié, aux ouvriers de métier des procès non socialisés, et, d'autre part, comme on l'a dit, le travail déqualifié suit un processus masqué par d'autres rapports. En tenant compte de ces précautions, je tenterai cependant de le définir concrètement un peu plus loin.

3) Enfin, ces divers points de clarification nous amènent à dire que les rangs objectivement les plus avancés au sein des agents du travail manuel productif sont formés de la masse, de l'amalgame des ouvriers soumis socialement au procès social dominant de déqualification du travail vivant et d'absorption du travail manuel vivant vers le travail mort, procès qui s'opère là où le capital est concentré, là où il est monopolisé. La couche principale au sein des ouvriers productifs est donc tendanciellement portée vers celle

du travail en voie de déqualification dans les entreprises monopolisées, cette couche étant secondairement associée aux manœuvres ou ouvriers non spécialisés et aux ouvriers déjà qualifiés des autres secteurs.

On a défini là les aspects structuraux caractérisant les mouvements de la division sociale du travail sur les places de la classe ouvrière du stade actuel. Ces modifications, articulées à la concentration du Capital, sans toucher les données générales de la contradiction fondamentale posent les limites des rapports sociaux au sein du prolétariat et surtout, y indiquent les sources de division et les bases d'unité.

4. Éléments pour l'analyse de la petite-bourgeoisie

Les classiques du marxisme ont, pendant de longues décennies, identifié la petite-bourgeoisie à la petite propriété marchande simple, cela parallèlement à une extension du concept à certaines couches de profession-nels appelées aussi «classes moyennes». Pour d'autres analyses actuelles, les cols blancs, les employés de bureau, les vendeurs et quoi encore sont plongés dans ce fourre-tout que sont «les classes moyennes», alors que le concept de classe ouvrière, lié au rapport de production de capital, perd son sens propre et accueille les séquelles de ce que la petite-bourgeoisie et la classe moyenne n'avaient pu absorber. — Depuis les principaux textes de Poulantzas, on distingue aujourd'hui la petite-bourgeoisie *traditionnelle* et la *nouvelle* petite-bourgeoisie. Je commencerai par donner une définition de la petite-bourgeoisie *dans son ensemble*.

L'objet-même du concept de petite-bourgeoisie reste encore confus pour de nombreux chercheurs. Le caractère *interne proprement contradic-toire* de cette classe, tiré de sa place comme rapport essentiellement *subor-donné*, dominé par rapport à la production des richesses *sous la forme de capital*, rencontre des résistances théoriques sans nombre. Le très bas niveau de vie de nombreux travailleurs improductifs, leurs bas salaires, l'existence de travailleurs manuels productifs aussi bien qu'improductifs, le rendement généralisé d'un surtravail sont autant de facteurs qui entraînent une vaste confusion autour des limites entre petite-bourgeoisie et classe ouvrière.

Pour comprendre la nature de classe de la petite-bourgeoisie, il est bon de faire référence *aussi* aux rapports abstraits. Tout comme la classe ouvrière ou prolétariat renvoie au rapport social abstrait qu'est la production de plus-value et la bourgeoisie à l'accumulation de plus-value, la petite-bour-geoisie est *séparation* de la production et de l'accumulation de plus-value. Cette séparation se traduit comme pour ces autres classes, dans des aspects sociaux mais qui reproduisent sous des «formes transformées» les aspects contradictoires de la bourgeoisie et de la classe ouvrière. Ces formes sont surtout tirées des rapports idéologico-politiques: la division sociale entre travail intellectuel/travail manuel, les rapports de domination/subordination, d'autorité/d'exécution.

Sur chacune des grandes fractions de la petite-bourgeoisie, traditionnelle et nouvelle, ces caractères sociaux opposés se greffent et polarisent, *sur le plan interne*, les places de la petite-bourgeoisie.

Dans sa forme traditionnelle, on remarque que cette polarisation interne est le caractère du rapport dans lequel se trouvent *tous les petits propriétaires* et petits producteurs indépendants. Les artisans, paysans, petits commerçants, etc. ont eux-mêmes *à la fois* les attributs, sur une échelle «transformée», réduite, de celui qui réalise le produit et du propriétaire, du travail intellectuel et du travail manuel, de l'autorité et de l'exécution. Le rapport social dans lequel ils se trouvent *porte en lui-même* des traits internes *contradictoires*.

Dans la nouvelle petite-bourgeoisie, cette polarisation *s'élargit*, étant donné le stade du mode de production capitaliste qui l'engendre, celui de la *reproduction élargie*. Alors comment se *traduit*, dans les rapports abstraits, la séparation interne des caractères organiques qui définissent la nouvelle petite-bourgeoisie? Comment se réalise cette *polarisation élargie* sur les places de la circulation? Puisque celles-ci sont «conditionnées», comme l'a dit Marx, par le rapport Capital-Travail, les formes sociales opposées de ce rapport *se portent sur des ensembles larges* et les constituent en *couches* internes relativement homogènes, diverses et *contradictoires*.

Ce n'est plus chaque rapport qui renferme les «formes transformées» de la division Capital-Travail mais l'ensemble des places de la circulation qui se séparent et se polarisent en couches du travail intellectuel et du travail manuel, de la domination et de la subordination, de l'autorité et de l'exécution. Les contradictions internes qui sont la figure de l'unité de la petite-bourgeoisie ne sont plus celles de chaque rapport de petite propriété mais sont désormais étendues *à des ensembles* de salariés improductifs. On parlera donc, en termes abstraits, d'une *polaristion élargie* (des contradictions internes de la petite-bourgeoisie) sur de multiples couches opposées.

Au niveau le plus concret, pour revenir aux résistances déjà évoquées, la petite-bourgeoisie, nouvelle ou traditionnelle, est effectivement composée de couches contradictoires jouissant de hauts et de bas niveaux de vie et de statuts sociaux gradués. Cependant, ces traits lorsqu'ils s'apparentent à ceux des couches les plus démunies de la classe ouvrière, ne suffisent pas pour produire le rapport social antagonique entre production et accumulation de capital. On voit bien que les ressemblances et les différences de salaires et de niveaux de vie, par exemple, n'ont rien *en elles-mêmes d'explicatif* de la division sociale réelle puisque la classe ouvrière elle-même recouvre des couches de salaires aux échelons relativement éloignés.

C'est donc, *en dernière instance, i.e.* en vue de la formation de la conscience de classe, de la fusion entre les éléments objectifs et subjectifs de celle-ci, la nécessaire reconnaissance des caractères objectifs fondamentaux de la petite-bourgeoisie qui importe. En effet, cette nature de classe petite-bourgeoise est déterminante en dernière analyse, *i.e.* qu'au travers des luttes elle apparaît *à long terme* et fléchit ou infléchit le mouvement ouvrier selon son rapport à l'hégémonie de classe du prolétariat. C'est pourquoi il est d'une importance extrême de distinguer entre les pratiques et positions «prolétari-sées» à court terme de certaines couches de la petite-bourgeoisie et son appartenance de classe. *Cette classe dans son ensemble secrète des pratiques et des positions en elles-mêmes contradictoires* ce qui ne change pas, à long terme, sa nature petite-bourgeoise. C'est aussi pourquoi l'analyse de ce mouvement contradictoire pris dans la conjoncture attribue aux couches structurellement polarisées vers la classe ouvrière un rôle extrêmement positif dans l'intérêt du développement de tout le mouvement ouvrier.

Bref, je rappellerai que la petite-bourgeoisie se constitue sur des rapports socialement opposés. C'est pourquoi le travail improductif, par exemple, recouvre *des aspects structuraux* contradictoires comme le travail intellectuel *et* le travail manuel, des rapports d'autorité *et* d'exécution, des conditions de travail privilégiées et d'autres, défavorisées, etc. C'est parce que *les travaux du procès de circulation, séparés de la production de plus-value*, reproduisent comme unité de classe, sur le plan interne et à des degrés divers moindres, les contradictions structurelles qui opposent les places du Capital et celles du prolétariat qu'ils se situent dans la petite-bourgeoisie.

La petite-bourgeoisie «traditionnelle», elle, en autant qu'elle désigne les rapports de petite propriété contient, elle aussi, des contradictions.

4.1.1. La petite production et la petite propriété (non capitaliste)

Ces réflexions générales permettent de poser le cadre d'analyse de la petite-bourgeoisie traditionnelle. Une double situation, contradictoire, est sa caractéristique : propriété et production. Il s'en suit qu'aux autres niveaux, ce rapport sera également marqué par des pratiques contradictoires.

Du point de vue économique, les places de la petite-bourgeoisie traditionnelle sont définies négativement, par rapport au rapport Capital-

Travail, par le fait que le travail ne produit pas de capital, que son produit est une marchandise simple et non sociale, qu'il n'est pas échangé puisque l'acheteur le consomme de manière improductive, directement. Ce type de rapport se note par sa séparation des rapports proprement capitalistes. C'est pourquoi on dit que c'est un rapport *dominé*. Il recouvre le travail des artisans, petits paysans et commerçants, travailleurs indépendants de toutes sortes de même que petits producteurs de valeurs d'usage dont les conditions de production, même si elles regroupent quatre, cinq ou même dix travailleurs ne les soumettent pas réellement au Capital et en font ni des capitalistes ni des ouvriers. Sur le plan idéologique et politique, ces travaux se trouvent, par le contrôle relatif de leur procès de production et de travail, partagés entre le travail intellectuel et manuel, entre la direction et l'exécution: cette *polarisation* est *simple*, c'est-à-dire qu'elle se porte sur chaque agent au lieu de les reproduire de manière complexe en polarisant des couches entre elles.

Peu controversé, le cas de la petite-bourgeoisie traditionnelle ne demande pas d'être élaboré davantage.

4.1.2. La production du travail ménager

Je ferai maintenant porter mon attention sur un rapport de production négligé qui n'a même pas encore mérité la polémique. Il s'agit du rapport dans lequel se fait la production et la reproduction de la force de travail des agents des diverses classes sociales, c'est-à-dire le travail ménager que j'appelerai «*production familiale*».

Je l'appelle ainsi puisque le travail de la ménagère, de la mère de famille comporte la production de valeurs d'usage particulières, que ce soit le repas, l'entretien, l'éducation. Chacune de ces tâches, assignées selon la division sexuelle du travail aux femmes, comporte des aspects économiques, idéologiques, politiques et juridiques *qui lui sont propres*. La famille actuelle, dans le mode de production capitaliste, est une unité de production et de consommation simple, improductive[11], dans laquelle, pour les classes dominées, *le producteur est la femme*.

Cette production/consommation est improductive face aux rapports capitalistes, dans ce sens que les valeurs d'usage qui y sont produites ne se transforment pas en valeurs d'échange, c'est-à-dire en marchandises sociales proprement *capitalistes*, en capital, puisqu'elles n'ont pas les caractères qui

---

11. Au sens où Marx l'emploie quand il parle de «consommation improductive».

leur permettraient d'entrer dans la circulation des marchandises sociales. Elles sont directement consommées par la famille. Quant à la force de travail sociale, la ménagère produit *les valeurs d'usage* qui servent à la reproduire. C'est pourquoi on dit que le travail ménager sert à «reproduire la force de travail».

Mais pourquoi donc ne dit-on pas que son travail est productif (au sens capitaliste, c'est-à-dire «productif de plus-value»), puisque comme on le sait, dans le mode de production capitaliste, la force de travail est elle-même une marchandise? Ainsi, le travail ménager conduit à reproduire une marchandise qu'est la force de travail des ouvriers. Puisque cet énoncé est exact, pourquoi ne pas en tirer que la ménagère, reproduisant cette force de travail productrice de plus-value est elle-même productive? En effet, certaines analyses rangent ainsi les ménagères dans la classe ouvrière à titre de productrices d'une marchandise particulière qu'est la force de travail.

Or, cette interprétation est erronée parce qu'elle ne tient pas compte des conditions *dominantes* dans lesquelles la force de travail devient productive de plus-value. Le capitaliste trouve, dans la circulation de toutes les marchandises, une marchandise qu'il fait *fructifier*. La première condition est d'ordre capitaliste, c'est l'existence du marché de *l'achat et de la vente de la force de travail*, et la seconde l'est aussi, c'est l'existence du *capital* qui la fait «fructifier», c'est-à-dire produire de la plus-value. Dans le mode de production féodal, l'épouse, mère et ménagère, produit également les valeurs utiles à la reproduction de la force de travail. Dans ces conditions, son travail n'est pas davantage productif à la manière du rapport de production dominant puisque ce n'est pas ce travail qui produit la rente. C'est seulement lorsque le mode de production dominant est le patriarcat que le travail ménager est «productif» au sens réel du terme.

Il ne peut exister de définition de la production en soi; seuls les rapports du mode de production dominant sont productifs. Seuls les rapports qui lient capitalistes et producteurs de valeurs d'échange sont «productifs» dans le capitalisme. *C'est le capital qui rend la marchandise/force de travail productive et non pas la ménagère*. La femme au foyer ne donne donc pas à la force de travail son caractère «productif». *C'est le capital seul*, en achetant la force de travail pour la faire produire davantage que son simple équivalent *qui en fait une marchandise*. Faire de la ménagère une ouvrière, c'est vider l'antagonisme prolétariat/bourgeoisie de toute sa substance. Le travail ménager ne produit donc pas de marchandise; il produit des valeurs d'usage nécessaires à la reproduction de force de travail dont les rapports capitalistes seuls vont ensuite décider du sort.

Cette brève incursion théorique était nécessaire pour poser les limites de l'unité de production familiale, limites rigoureusement définies par le mode de production *dominant*. Le capitalisme détermine donc si l'usage de la force de travail qu'il consomme sera de se transformer en valeurs d'échange ; il décide aussi que la reproduction de cette force de travail se fera dans des rapports *subordonnés* aux précédents. C'est dans sa séparation de la production sociale proprement capitaliste que s'élabore et se réalise le rapport ménager. La division sexuelle du travail constitue d'ailleurs les femmes en catégorie sociale.

Double emploi

Il est, on le sait, de nombreuses femmes qui occupent deux places dans la division sociale du travail : l'une les insère dans la production sociale capitaliste, l'autre, par le travail ménager, les en sépare. Au Québec, autour d'un tiers des femmes se trouvent dans cette double situation. Quelle est alors leur appartenance de classe ?

L'élément essentiel consiste en ce que ces femmes se trouvent en *rupture* avec la forme dominante de la division sexuelle du travail telle qu'encore articulée au capitalisme d'aujourd'hui qu'est leur assignation à la famille. Cette rupture étant consommée, *l'aspect principal de leur détermination de classe* traduit la pratique liée aux places diverses qu'elles occupent alors dans la division sociale. Les femmes qui participent à la production sociale, qui occupent un emploi sur le marché du travail, voient leur appartenance de classe définie par cette pratique principale. *En second lieu*, la relative autonomie conservée par les conditions capitalistes *actuelles* au travail ménager traverse leur insertion sociale principale et consolide doublement les aspects de subordination et d'exploitation de leur appartenance de classe. Cependant, cette subordination est teintée de l'autonomie relative associée à leur pratique de ménagère[12]. La combinaison de ces deux aspects de leur détermination de classe, aspect principal défini par les caractères structurels de la division capitaliste du travail et aspect secondaire régi par la conservation du contrôle direct sur leur procès de travail familial, *accentue les effets, sur les femmes, de la division sexuelle du travail*. Bref, ces quelques lignes avaient pour intention de poser que les femmes qui se trouvent sur le marché du travail ont une double pratique de classe dont *l'aspect principal* est supporté par leur rupture avec la division sexuelle traditionnelle, c'est-à-dire par leur intégration au marché capitaliste de la force de travail et par leur place dans les rapports de production capitalistes.

---

12. Comme on le verra plus loin en dégageant les conditions de ce rapport social.

Rapport d'exploitation

J'aimerais ici m'arrêter au rapport social qui assigne leur place aux femmes confinées au travail familial. En effet, la tradition marxiste voulant que les femmes appartiennent à la même classe sociale que leur mari est proprement idéologique car elle a pour fonction, dans la théorie, de constituer les femmes au foyer en «appendices» de leur mari.

Cette association est aberrante d'un point de vue matérialiste car comment peut-on dire que l'appartenance de classe d'un agent est défini *par la pratique de quelqu'un d'autre*? Seul le sexisme dans la théorie peut conduire à de pareils énoncés.

Donc, le problème est entier: les ménagères et mères de famille ont une pratique qui leur est propre, distincte de celle de l'ouvrier, de l'employé, du professionnel, du cadre ou du capitaliste.

Le premier critère que j'utiliserai, critère général et déterminant, est d'ordre *économique*: faut-il parler *d'exploitation* des «femmes au foyer»? L'exploitation, d'un point de vue général, est le rendement d'un travail excédant les conditions nécessaires à la reproduction «*sociale*» de la force de travail en cause. En d'autres mots, est tiré de l'exploitation tout travail dont le produit n'est pas retourné, soit directement, soit indirectement, par la société, à son producteur. Ainsi, dans des rapports socialistes, le produit du travail n'est pas tiré de l'exploitation dans la mesure où son partage est socialisé, c'est-à-dire redistribué socialement à tous les agents sociaux en devenant éléments constitutifs de sa *reproduction «sociale»*. Aussi la socialisation du produit l'ajoute aux «conditions nécessaires à la reproduction» et définit sans cesse l'aspect «*social*» de la reproduction.

Les femmes qui produisent les valeurs d'usage nécessaires à la reproduction d'autrui, mari et enfants, sont ainsi *exploitées* dans la mesure où le produit de leur travail n'est pas incorporé à la valeur de leur propre reproduction, n'est donc pas socialisé mais «privatisé» puisqu'il bénéficie seul aux capitalistes.

Les femmes qui fournissent le travail familial nécessaire à la reproduction de la force de travail sont dans un rapport d'exploitation dominé par les rapports capitalistes. Ce rapport familial de type précapitaliste s'articule à l'exploitation capitaliste: il est à la fois séparé (la ménagère ne fait pas face au capital «personnifié») et subordonné au mode de production capitaliste.

Les femmes de la bourgeoisie, qui ne produisent pas elles-mêmes les valeurs d'usage familial, *ne sont pas exploitées*[13]. Leur rapport se définit seulement à partir de la dominance de *l'idéologique* dans la constitution du rapport de production propre à la famille patriarcale actuelle. Mais avant de développer davantage sur l'assignation de classe des femmes de bourgeois, voyons à travers quoi se réalise le rapport social ménager.

Dans l'unité de production/consommation familiale, *le producteur, c'est la femme*. Le non-producteur, le mari, trouve dans la production sociale capitaliste[14] sa détermination de classe. En tant que producteur, la ménagère, comme tous les agents de tous les modes de production, occupe une place dans les rapports sociaux déterminée par sa relation aux pouvoirs proprement économiques que sont la *propriété économique réelle* et la *possession.*

La ménagère ne dispose pas des pouvoirs de détermination *à long terme* des règles de la production familiale qui sont les attributs de la propriété économique, consacrés au mari. En effet, quoique le mari est le médiateur des rapports capitalistes faisant foi de leur effet de domination sur la famille patriarcale, l'époux conserve, par la division sexuelle du travail, le pouvoir de décider, de trancher, en dernière analyse, sur les questions concernant les lieux du travail familial (lieu de résidence en général choisi à partir du lieu de travail du mari), les dépenses affectant la famille (loyer, voiture, appareils ménagers, etc.), le moment où la femme pourra rompre avec ses tâches familiales exclusives et s'intégrer au marché du travail, etc. Bref, tout ce qui pèse à long terme dans la vie familiale relève de l'autorité mâle.

Par ailleurs, les pouvoirs de décider à court terme des conditions immédiates de son travail, attributs de la possession, sont cédés au producteur, à la femme. Ces pouvoirs, d'ordre limité, portent sur ses horaires quotidiens, ses priorités dans l'exécution de ses tâches, la sélection de ses moyens de travail, son budget hebdomadaire, etc. La ménagère conserve une autonomie sur son procès de travail que l'ouvrier et l'employé ont perdu dans le capitalisme par la vente de leur force de travail. Voyons, en passant, comment le Code civil québécois consacre, dans les rapports juridiques, cette division: «L'épouse est obligée d'habiter avec le mari qu'elle doit suivre pour demeurer partout où *il fixe la résidence* de la famille... La femme *concourt avec le mari*

---

13. Une réflexion intéressante à ce sujet est celle de Claude Alzon, affirmant: «Dans le couple bourgeois, l'exploité, ce n'est pas la femme, c'est le mari.» dans *la Femme potiche et la femme bonniche*, Paris, Maspero, «Petite collection», 1977, p. 17.
14. Ou encore dans la petite propriété s'il est indépendant.

à assurer la direction morale et matérielle de la famille,... elle exerce seule ces fonctions *lorsque le mari est hors d'état* de manifester sa volonté en raison de son incapacité, de son éloignement... *Le mari peut retirer à la femme le pouvoir* de faire les actes dont il s'agit[15].»

Cependant, pour que la femme/producteur dans la famille accepte de fournir ce travail dans des conditions économiques d'*exploitation*, il faut des raisons *extra-économiques*. C'est dans la dévotion qu'elle doit au mari et par son rôle de mère et d'épouse, intériorisation des formes idéologiques de la division sexuelle du travail, que se réalise cette exploitation. Dans la famille actuelle, *l'idéologique domine* et consolide les rapports économiques.

C'est donc dans l'idéologique que la femme se situe par rapport à la classe du mari. Si, d'un côté, elle trouve son appartenance de classe en tant que propre *producteur*, d'un autre côté, cette place lui est assignée sous la *dominance de la classe du mari*. La ménagère dont la seule occupation est la production des valeurs d'usage de la force de travail des agents des classes dominées se trouve dans un rapport social dont les fondements sont la séparation de tout pouvoir à long terme et la conservation d'une autonomie sur ses conditions immédiates. Cependant, ces fondements sont légitimés par la division sexuelle du travail. Ainsi, l'appartenance de classe du mari joue un rôle dans cette légitimation et constitue sinon l'aspect déterminant, du moins l'aspect dominant de l'assignation de classe de la ménagère.

Je concluerai donc que la femme/producteur dans l'unité familiale dispose principalement du contrôle de son procès de travail, et c'est là sa détermination essentielle; en second lieu, ce contrôle s'articule à la place du mari dans la division capitaliste du travail et l'assigne à des couches de classe qui reproduisent cette place dans les rapports familiaux.

C'est pourquoi les femmes de bourgeois n'étant pas producteur des valeurs d'usage familial, seul leur rapport idéologique au mari est constitutif de leur appartenance de classe. En l'occurrence, la dominance de ce rapport qui leur demande de reproduire dans les rapports idéologiques la classe du mari, les assigne aux couches de la bourgeoisie.

Un dernier problème consiste à désigner la place du rapport social ménager, un rapport non capitaliste mais dominé, dont les limites face au rapport dominant sont établies par l'articulation de la division sexuelle à la division capitaliste du travail.

---

15. Code civil, art. 175-180, 1964. [C'est moi qui souligne.]

Le rapport social ménager ne représente pas un rapport de production totalement autonome par rapport au Capital; de même, on ne peut pas dire que ni le servage ni le patriarcat constitue un mode de production autonome conservé à côté du mode de production capitaliste, dans la mesure où l'unité de production/consommation qu'est la famille n'est pas une unité de reproduction indépendante ou autosuffisante. Au contraire, son produit a pour fonction de circuler sur le marché capitaliste de l'achat et de la vente de la force de travail d'une part, et ses moyens matériels de reproduction, sont justement garantis par le salaire capitaliste d'autre part. La production du travail ménager se réalise *à la fois* dans des *contradictions internes* qui lui sont propres et *dérivent* de rapports proprement précapitalistes mais ces conditions sont dominées, sur le plan externe, par les rapports capitalistes. Comme les rapports de circulation, le rapport ménager est conditionné par le rapport de production dominant du capitalisme mais il tire sa substance de ses conditions internes.

À mon avis, l'originalité de ce rapport ne suffit pas à assigner les ménagères à une classe d'un mode de production *antérieur* au capitalisme; certes c'est là tout le délicat problème de l'articulation des modes de production. Sans participer aux rapports spécifiques de ce mode de production, c'est-à-dire sans être producteur de plus-value ou de marchandise capitaliste, le travail familial dispose d'une autonomie relative. La production familiale n'est pas constituée en mode de production autonome et son producteur appartient à l'une des classes sociales dominées par le Capital. *La ménagère est ni prolétaire ni serf.*

Elle n'est certes pas dans un rapport antagonique face au Capital dans la mesure où, entre autres raisons, elle dispose du contrôle des conditions *immédiate* de réalisation de son produit (rapport de possession et de non-propriété économique[16]). *L'interdépendance entre le servage familial actuel et les rapports de production capitalistes associe le travail ménager à la petite-bourgeoisie.*

Comme le travail indépendant, comme le petit producteur de la petite-bourgeoisie traditionnelle, la ménagère/producteur a conservé le contrôle de son procès de travail. Par contre, à cause de la division sexuelle du travail, elle est séparée, contrairement au petit propriétaire, du contrôle réel de son procès de production attribué au mari. Pour cette raison, les

---

16.   La séparation de tout contrôle est une condition *indispensable* à la production de plus-value, à l'antagonisme Capital-Travail.

caractères de son autonomie de producteur sont atténués et en tant qu'agents de la petite-bourgeoisie traditionnelle, les ménagères constituent un ensemble dominé.

Enfin, cet ensemble se sépare en couches selon la classe des maris de telle sorte qu'on aura l'ensemble des ménagères de la petite-bourgeoisie traditionnelle séparées en couches polarisées à partir de la classe du mari.

Dans l'ensemble des rapports sociaux, le rapport des ménagères des classes dominées est plus proche de celui des petits producteurs indépendants que des ouvriers. Leur place reçoit les caractères de l'unité contradictoire de la petite-bourgeoisie puisque le travail ménager est à la fois possession et non-propriété, autonomie et subordination, etc. Cette assignation à un rapport d'exploitation dominé face à la production de plus-value pèse lourd dans l'articulation entre structure de classe et conjoncture de luttes de classes, puisque ce rapport produit les mêmes «effets pertinents[17]» que la petite-bourgeoisie.

4.2. La petite-bourgeoisie salariée

4.2.1. Le fond du problème

À quelle classe sociale appartiennent les salariés de la circulation? Question très controversée qui a des implications théoriques et politiques. Mon intention, à ce niveau, sera de démontrer comment, par les rapports abstraits et par l'étude concrète de la division sociale du travail, les contradictions entre certaines couches des employés, même manuels, et les ouvriers de même qu'entre tous les autres salariés me sont apparues incontestables. J'ai choisi, après analyse et même réflexion, et pour des raisons exposées plus haut, de poser les limites entre classe ouvrière et nouvelle petite-bourgeoisie aux frontières du travail productif.

Cependant, et ceci a une certaine importance politique, étant donné la conjoncture théorique, *i.e.* la prolifération de débats, surtout au Québec, sur les limites du prolétariat, je retiens comme *positions alliées* à la présente ou du moins réconciliables avec elle, celles qui, pour toutes sortes de raisons, identifient travail manuel salarié et prolétariat ou classe ouvrière. Si le présent texte représente une prise de parti à l'endroit d'une analyse qui assigne ces ensembles à des classes différentes, c'est surtout qu'elle s'appuie sur le concept de *prolétarisation* de certaines couches manuelles de la nouvelle petite-

---

17. Selon l'élaboration du concept faite par Poulantzas.

bourgeoisie. En effet, la prolétarisation signifie, ici, un *mouvement tendanciel* attribuant certains caractères du prolétariat à des places qui n'en sont pas. Ces places sont alors *à la fois séparées* de la classe ouvrière et *polarisées* vers elle, séparation démarquant, à long terme, des intérêts économiques et politiques relativement différents.

Au Québec, par exemple, il me semble que les gains économiques soutirés au pouvoir public par les travailleurs manuels du Front commun illustrent bien l'indépendance de leur rapport de classe à l'égard du prolétariat, producteur de plus-value. Non seulement cette indépendance relative est-elle économique mais encore, elle s'accompagne d'autres revendications sociales auxquelles la réduction du travail nécessaire (loi de la valeur), accomplie dans la production, ne peut être subordonnée. Ces contradictions secondaires entre les luttes des employés et les intérêts des ouvriers productifs sont présentes à divers degrés dans le champ politique.

Quelles que soient les divergences sur ce point, cette épineuse question sera tranchée dans la pratique, *i.e.* au cours du développement du mouvement ouvrier, en particulier dans les formations sociales où s'élargit la couche du travail improductif. C'est la lutte des classes et l'hégémonie ouvrière qui, à long terme, définiront les rapports entre manuels improductifs et ouvriers de la production. Alors le matérialisme historique pourra-t-il définitivement faire porter cette connaissance dans la théorie. Je tenterai donc d'éviter d'opposer les divergences précitées, tout en tentant de préciser mon point de vue sur le sujet.

L'analyse de la division sociale du travail d'une situation donnée doit fournir les bases pour pousser plus avant celle des nombreuses contradictions déterminées et influencées par la contradiction fondamentale et veillant à sa réalisation. Une des bases privilégiées d'observation de la division capitaliste du travail est la petite-bourgeoisie salariée.

En fait, la nouvelle petite-bourgeoise reçoit les multiples faces des contradictions actuelles, dans la mesure où elle joue un rôle crucial dans la reproduction sociale. L'analyse de la petite-bourgeoise salariée devrait amener à poser ce qui distingue une vendeuse de grand magasin d'une secrétaire, une ménagère d'une femme de ménage, un opérateur de machines d'un garçon d'ascenseur, la différence entre ces travaux étant plutôt sociale que technique.

Par ce biais, je veux indiquer: 1) que c'est à l'aide de ces divisions installées parmi les agents du travail exploité que se reproduit la contradiction entre bourgeoisie et prolétariat, entre Capital et Travail; 2) que c'est à travers des formes historiques spécifiques qu'opère cette reproduction; 3) que la connaissance concrète de ces formes dans une situation donnée introduit indirectement celle des traits particuliers de l'antagonisme entre bourgeoisie et prolétariat dans ce même cas.

Une analyse des classes en lutte qui voudrait partir des luttes elles-mêmes devrait s'appuyer d'abord sur les formes des divisions sociales existantes, comme celles qui s'imposent entre fractions de la petite bourgeoisie et entre petite-bourgeoisie et classe ouvrière.

4.2.2. Les contradictions internes de la nouvelle petite-bourgeoisie

Voici donc, pour commencer, comment opère sur les rapports de production, la division travail intellectuel/travail manuel, facteur de polarisation élargie des couches de cette fraction. Le sens de celle-ci ne va pas de soi, l'empirisme nous ayant habitué à des définitions descriptives et naturalistes. On conviendra donc de quelques détours, pour dégager la signification matérialiste des rapports structuraux de la nouvelle petite-bourgeoisie.

La division entre travail intellectuel et travail manuel est une forme idéologique des rapports capitalistes de production; elle trouve son lieu privilégié de développement dans les sphères de la circulation ou du travail productif.

En effet, on sait que les divisions selon la propriété économique, selon la possession, puis selon le travail productif et improductif ne sont pas les seules. Quoiqu'elles constituent les divisions fondamentales, elles ne distribuent pas les agents, comme cela, à l'état pur. Ces rapports ne sont observables que parce qu'ils s'articulent à des critères sociaux concrets, identifiables. Ces critères seront repérés par l'analyse du rapport entre les travaux et les aspects des rapports économiques. Pour comprendre la division en classes, il faut donc faire appel, conjointement et en même temps, aux rapports de production et aux autres aspects des rapports sociaux, les premiers «imposant» ce que seront les formes sociales des seconds. C'est d'ailleurs ce qui fait que la division entre travail intellectuel et travail manuel prend forme dans les rapports de domination et de subordination politico-idéologiques.

Une particularité capitaliste qui s'offre chaque jour à nos yeux consiste en l'accroissement des divisions sociales et l'augmentation du capital (l'accumulation de ses formes sociales, le développement de l'exploitation). On sait que les fins du Capital se réalisent par l'intensification du procès d'exploitation duquel sortent les biens matériels, par l'extorsion de plus-value relative, par le «progrès» scientifique et technique et donc par le développement des conditions sociales d'extorsion du surtravail. Ceci veut dire que tous les rapports idéologiques, politiques, etc., concourent à cette fin. Divers travaux spécifiques et séparés, de valeurs d'usage différentes, servent chacun à leur manière à favoriser l'extorsion directe, ou encore, les conditions matérielles, techniques et sociales de cette extorsion. Tous ces travaux reviennent, pour la classe capitaliste, à mieux extorquer le capital. Les agents qui accomplissent ces travaux se trouvent contraints à servir cette fin, et sont, pour cela, séparés à divers degrés de ceux qui produisent ce capital. L'existence de la contradiction travail intellectuel/travail manuel, par ses effets sur les classes et sur les luttes, sert idéologiquement l'extorsion de capital.

Dans le mode de production capitaliste, la place du travail intellectuel provient de l'opposition entre Capital et Travail; c'est par un procès d'assimilation à la direction de l'exploitation que le travail intellectuel sépare ses agents, à divers degrés, des ouvriers productifs.

Cette question renvoie directement à la définition matérialiste du travail intellectuel. Il ne relève pas de mon propos d'entrer ici dans l'élaboration de cette question. D'autres l'ont fait avec clairvoyance et je renvoie le lecteur principalement à Gramsci et à Poulantzas. Le travail intellectuel est lié à l'exploitation, le travail manuel, à l'exécution. Au niveau abstrait, la substance du travail intellectuel dérive des rapports du Capital. Il s'agira, en l'occurrence, du savoir de classe (domination coercitive sur toutes les classes) et du savoir scientifique nécessaire à la direction et à l'amélioration de l'exploitation. En second lieu, on dira que le travail intellectuel est lié à tous les rapports de domination. Si la propriété économique exerce la direction politique de classe par le biais d'un savoir coercitif sur toutes les instances de la direction capitaliste, si la possession exerce le savoir de direction du procès d'exploitation, il est encore d'autres niveaux indiquant des degrés dans l'articulation des rapports politico-idéologiques de domination avec le travail intellectuel[18]. La direction principale est celle du Capital sur tous les niveaux de la mise en œuvre du travail et elle commande des degrés élevés de savoir de classe et de savoir scientifique. Lui succèdent, hors des relations propres à la classe capitaliste, des niveaux de direction et de domination inférieurs qui ont leur importance par rapport à l'objectif de production sociale de surtravail. Après le niveau des professionnels et scientifiques qui ne remplissent pas de fonction de propriété économique ni de possession, se

---

18. Voir N. Poulantzas, *les Classes sociales dans le capitalisme aujourd'hui*, Paris, Éd. du Seuil, «Sociologie politique», 1974.

trouve le niveau de direction déléguée ou subalterne, c'est-à-dire le travail des contremaîtres, de certains techniciens et d'employés supérieurs guidant le travail d'autres travailleurs, puis celui des idéologues, des enseignants, des policiers, etc. Ces travaux sont amplement régis par un savoir de classe même si le *savoir scientifique ou technique* appliqué à la *réalisation immédiate* des conditions optimales du rendement du travail semble prédominer. Il ne fait pas de doute qu'il s'agit là du travail intellectuel et des rapports de domination. Enfin, se trouve le travail intellectuel réduit à sa plus simple expression, *i.e.* tenu dans des rapports d'exécution qui représentent le travail manuel dans le travail intellectuel. Quoique tirés hors des rapports d'autorité, ces travaux demeurent dans le champ du travail intellectuel et de la domination idéologique du fait que, à l'échelle sociale, le travail intellectuel prime sur le travail manuel. Dans les formations sociales dominantes, le travail intellectuel, quoique exploité, est un rapport social *séparé* du travail manuel. Dans les faits, donc, le travail intellectuel subordonné est, en regard des travaux manuels, dans des rapports de domination. Ceci appelle le postulat suivant.

Travail intellectuel et rapports de domination
sont des expressions identiques

Pour saisir ce point, la compréhension de la contradiction fondamentale du mode de production capitaliste est fondamentale, centrale. L'opposition entre Capital et Travail, *bien saisie dans les rapports abstraits*, permet seule d'articuler correctement les autres niveaux de rapports. Sous cet éclairage, les rapports de domination/subordination (direction/exécution) qui ont lieu dans les sphères de la circulation, *i.e.* en dehors de la création de plus-value, adoptent un caractère tout à fait particulier. Cela tient bien du fait que tous les niveaux de contradictions dans la société capitaliste sont articulés aux aspects dominant et dominé de la contradiction Capital/Travail. Aucune contradiction sociale n'est tout à fait autonome. Dans les sphères de consommation de la force de travail qui se trouvent à l'extérieur du rapport de production de plus-value, la division entre travail intellectuel et travail manuel est caractérisée par l'aspect principal de la contradiction Capital/Travail. La contradiction fondamentale du capitalisme repose sur des conditions aussi bien abstraites que concrètes et le plus vulgaire empirisme n'en tenant pas compte, le critère du travail manuel ne peut rendre compte de la réalité qui n'est pas seulement apparente.

Les fractions internes de la nouvelle petite-bourgeoisie constituent précisément le visage de son unité de classe.

C'est à cause de la division sociale capitaliste du travail qu'il en est ainsi. Ni bourgeoisie ni prolétariat, la petite-bourgeoisie est intrinsèquement bipolarisation, scission entre le mouvement vers le haut et le mouvement vers le bas. On trouvera donc, dans la réalité, une masse de travailleurs dans des conditions de subordination sociale adoptant quelques-unes des formes sociales du prolétariat. L'existence de ce phénomène apparaîtra contradictoire au sein d'une même classe où l'on trouve la présence du travail intellectuel et des rapports de domination. Il s'agit bien là de la spécificité de la petite-bourgeoisie.

Je veux souligner l'essentiel : tous les travaux dans les sphères de la circulation, toutes les places de la petite-bourgeoisie salariée sont affectées par la dominance, dans la société tout entière et dans le mode de production capitaliste, du Capital sur le Travail et donc du travail intellectuel sur le travail manuel. C'est pourquoi *le travail manuel improductif n'est que relativement autonome par rapport au travail intellectuel improductif* et que ces deux ensembles appartiennent à la même classe. La frontière entre eux peut se déplacer : au stade actuel ce mouvement va dans le sens de la déqualification. Ces deux formes politico-idéologiques sont conjuguées aux mêmes rapports économiques : c'est la nature-même de toute la petite-bourgeoisie, ni Capital ni Travail.

Comme seconde conclusion, on dira que la petite-bourgeoisie salariée, pour cette même raison, se trouve à divers degrés et par extension sous la dominance du travail intellectuel et, donc, dans des rapports sociaux de domination par rapport au travail productif. Il en dérivera que la définition du travail intellectuel s'assimile tout rapport de domination (par exemple, le travail des contremaîtres ou des policiers se trouve dans le camp du travail intellectuel).

Ces divisions masquent les rapports de classe

Les formes diverses de la division sociale importent parce que, à l'aide d'un antagonisme profondément ancré dans les structures sociales du monde actuel, elles confondent apparences et réel, traversent toutes les classes sociales et, effet privilégié du stade actuel, ont un effet de polarisation sur les places des salariés de la petite-bourgeoisie. Un corollaire de ce mouvement fait que la polarisation dont il s'agit assigne une place spécifique aux couches principalement composées de femmes et de travailleurs manuels. Ces deux ensembles agissent, on le voit bien, comme facteur discriminatoire au sein de la petite-bourgeoisie. Les agents d'une même classe se trouvent dissociés entre eux et, sans se fondre aux autres classes, ressemblent à divers degrés aux classes extrêmes.

Il est important de retenir ici que j'ai parlé de «ressemblance». Rien n'est plus vrai que le fait que les places de ces travaux «ressemblent» par certains traits, limités certes, à la bourgeoisie ou à la classe ouvrière. Cette ressemblance assure d'ailleurs la cohésion de la pratique de classe de ces agents, tout autant qu'elle prévaut ou échappe à ceux qui l'observent. Que l'on pense, par exemple, que de nombreux observateurs actuels des luttes de classes identifient travaux manuels improductifs et travaux manuels productifs; que l'on pense, inversement, aux employés subordonnés du travail intellectuel, comme les secrétaires, qui en privilégient ce qui leur donne un statut supérieur aux simples manuels. La division sociale du travail, dans son ensemble, agit à différents degrés comme facteur de cohésion et de séparation vis-à-vis des couches de la classe ouvrière et de la petite-bourgeoisie.

En dernière analyse, c'est toujours la lutte des classes qui engendre les formes diverses de la division sociale du travail. Les divisions actuelles sont le produit de la reproduction élargie du Capital et du Travail, accumulation sociale du côté du Capital, comme elles sont le support de divisions futures. Pour bien saisir les fractions de classe de la petite-bourgeoisie salariée, l'étude de la conjugaison de tous les travaux avec les rapports de production et avec les déterminations sociales est indispensable.

En résumé

Parlons maintenant de la spécificité de l'analyse de la division sociale du travail pour l'analyse de la petite-bourgeoisie salariée.

La contradiction entre Capital et Travail se reproduit d'une part dans les rapports idéologiques de toutes les classes et en particulier de la petite-bourgeoisie par le fractionnement interne des rapports de domination/subordination en couches opposées et en particulier à travers la contradiction travail intellectuel/travail manuel et la contradiction sociale hommes/femmes, toutes deux formes de domination-subordination. D'autre part, la contradiction Capital/Travail se reproduit aussi sous des aspects juridico-politiques à travers les différences salariales, droits de gérance, hiérarchie des postes et pouvoirs, etc.

Ces divisions agissent sur chaque ensemble et aussi tranquilles et uniformes qu'elles semblent dans leur formation, elles se constituent sur la base de contraires. Ainsi, la division entre travail intellectuel et travail manuel agit tendanciellement *à tous les niveaux* et d'une façon encore plus manifeste au sein de la petite-bourgeoisie: ces effets sociaux sont des conditions organiques, au stade actuel, de l'extorsion de capital.

La petite-bourgeoisie salariée est frappée au premier chef par les formes dominantes de la division sociale capitaliste actuelle, par la séparation entre travail intellectuel et travail manuel et entre travail masculin/travail féminin. Les raisons qui en font le lieu privilégié de ces divisions viennent des rapports économiques: la petite-bourgeoisie est ni bourgeoisie ni prolétariat. Elle ne tire pas ses revenus en exploitant le travail des autres, au reste, elle ne produit guère de nouveau capital. Dans le capitalisme actuel, la concentration du capital entraîne une forte concentration de la force de travail dans des secteurs improductifs. Là, les effets de la contradiction travail intellectuel/manuel rebondissent sur toutes les couches du travail improductif, que ce soit par la dominance de l'un ou de l'autre aspect. Il reste que les effets contraires de cette division pèsent sur ces places et, même si le travail manuel y est dominant, les agents qui occupent ces places se trouvent dans un rapport social différent de celui des ouvriers. Il faudra donc aborder la petite-bourgeoisie sous cette spécificité : la combinaison des aspects sociaux, idéologiques, politiques et juridiques, ou, si l'on veut, structurels, qui la séparent des autres classes tout en la polarisant d'une façon interne ou vers l'une ou vers l'autre.

Toute la division sociale du travail repose sur des travaux historiquement liés à des rapports de domination/subordination. L'exploitation, outre qu'elle a pris la forme économique de l'extorsion, soit de la rente, soit de la plus-value, s'est articulée à des conditions sociales de réalisation, dont les principales sont la division sexuelle du travail et la division entre travail manuel et travail intellectuel. La division sociale en classes, à travers l'histoire, s'est toujours appliquée à séparer les porteurs de ces travaux, à soumettre et à dévaloriser les travaux féminins et les travaux manuels. Les rapports de production, base fondamentale des classes, ne peuvent seuls suffire à éclairer la constitution complexe de celles-ci, puisqu'ils n'ont pas, seuls, séparé les agents en classes. Le mode de production capitaliste contient d'ailleurs un mode d'articulation des divisions sociales aux rapports de production qui est tout à fait spécifique. Je n'entrerai pas plus longuement dans l'exposé théorique de la question, puisqu'on la verra à l'œuvre dans les prochains chapitres.

5. La méthode

La question centrale, en ce qui concerne la méthode pour l'analyse des classes sociales, consiste à établir des recoupements entre les catégories statistiques et les caractères concrets des rapports sociaux capitalistes. Comment établir ces derniers, c'est le cœur du problème. Il est clair que chaque recensement statistique offre d'ailleurs plus ou moins de variantes à cet égard.

La présentation, ici, du procédé servira à deux fins: fournir les éléments nécessaires pour la compréhension de l'analyse subséquente et montrer comment, avec des sources conventionnelles, on peut réaliser ce projet.

Dans le point qui suit, on présentera brièvement les sources et leur intérêt; ensuite, le second point situera la question des raccords entre les niveaux économique, politico-idéologique et juridique et ces sources. Enfin, ces aspects de la division des rapports sociaux seront rattachés à une des principales prémisses théoriques exposées plus haut, à savoir à la convergence d'indices sur la concentration au sein de ces rapports.

5.1. Les sources

Les statistiques auxquelles j'ai eu accès, pour la présente étude, proviennent de deux origines: le gouvernement fédéral, par le Bureau fédéral de la statistique (ou Information Canada), et le gouvernement provincial, par le Bureau de la statistique du Québec. On a puisé surtout aux premières qui servent d'ailleurs de base, en général, aux études particulières du B.S.Q. J'y ai trouvé trois ordres de divisions pouvant être soumis à mes objectifs: une distinction entre travailleurs «à leur propre compte» et «salariés», entre catégories professionnelles (ou division technique), puis entre secteurs dits «d'activités économiques» (ou division de la production sociale).

La catégorie des travailleurs «à leur propre compte» recouvre deux grands ensembles: les petits propriétaires et les entrepreneurs capitalistes. Cette distinction se remarque à la lumière des fonctions des uns et des autres. En effet, les catégories d'«administrateurs et de directeurs» à leur compte renvoient aux derniers tandis que les artisans, vendeurs, etc. relèvent de la petite propriété. Ce fait se reconnaît à la définition des catégories professionnelles: ainsi, un propriétaire de commerce dont la surveillance de son entreprise est l'activité principale a été rangé parmi les «administrateurs à leur propre compte» plutôt que parmi les commerçants. Le second argument appuyant ces remarques renvoie à la hiérarchie établie par le Recensement à l'intérieur des grandes catégories qu'il se donne; on aura, dans l'ordre: administrateurs, professions libérales et techniciens, employés de bureau, vendeurs, travailleurs des services et activités récréatives, travailleurs des transports et communications, agriculteurs et travailleurs agricoles, bûcherons et travailleurs forestiers, pêcheurs, trappeurs et chasseurs, mineurs, carriers, ouvriers de métier, artisans, ouvriers à la production et manœuvres.

Il est net que les agents non salariés de tous travaux spécialisés sont des «producteurs à leur propre compte», *i.e.* des petits propriétaires ou travailleurs indépendants.

La division par ensemble professionnel ne pose pas, en tant que tel, de problème quant à la propriété juridique[19] ; elle en pose du fait que la propriété par secteurs d'activités n'est pas donnée. On trouve, en guise de substitut, des données sur la «main-d'œuvre active» distribuée par couches d'emploi à l'intérieur de chaque branche et secteur. Les seules coordonnées portent sur le rapport entre administrateurs, salariés et/ou propriétaires et les principales branches de la production sociale. On peut seulement en déduire que la main-d'œuvre employée par secteur et désignée comme telle correspond, dans la plupart des cas, au travail salarié. Outre la catégorie des «administrateurs», un seul autre ensemble fait exception : les professionnels de la santé et les juristes dont 23% se révèlent à leur compte. Il s'agit bien là des médecins et des avocats, deux professions plus faiblement salariées étant donné les avantages comportés par la propriété. Il a été impossible de tirer de la brochure «Groupes industriels selon les professions détaillées[20]» la part de ceux-ci engagés à contrat mais liés fidèlement à des secteurs économiques particuliers. Il faudra y revenir.

Enfin, en complément de ces distributions fondamentales, reprises pour toutes les analyses, s'ajoutent des données économiques sur le fractionnement de la propriété des entreprises entre capitaux étrangers, capitaux anglais et capitaux français[21], des données politiques et idéologiques sur la division entre travail intellectuel et travail manuel, rapports d'autorité et d'exécution[22], et des données plus strictement juridiques sur l'ensemble des conditions de travail[23].

5.2. Statistiques bourgeoises et rapports sociaux

J'aborderai deux points : les difficultés que pose le déchiffrage des rapports économiques et la combinaison de tous les aspects dont on dispose.

Quant aux rapports économiques, quelques mots sur la distinction entre propriété économique et propriété juridique. Le premier type consiste en un *contrôle réel* sur l'affectation des moyens de production au sein du

---

19. Je parlerai plus loin de la distinction entre propriété juridique et propriété économique réelle.
20. B.F.S. – 94-531-1961.
21. Commission royale d'enquête sur le bilinguisme et le biculturalisme, «la Propriété des entreprises du Québec», André Raynauld, 1970.
22. B.S.Q. «Manuel d'instruction sur la manière de remplir le questionnaire» ; «Emploi et rémunération des employés de direction des professionnels et techniciens», Division du travail et de la main-d'œuvre, 1972.
23. B.S.Q., «Conditions de travail au Québec pour des activités économiques choisies», Division du travail et de la main-d'œuvre, 1969.

procès de production (la plupart du temps par les Conseils d'Administration);
le second type, propriété juridique ou société par actions, implique l'inter-
pénétration entre capital bancaire et industriel mais ne correspond pas directement à la détention du pouvoir économique sur l'exploitation: il s'agit
plutôt de la détention d'actions.

Or, il ressort que les recensements ne font pas ces différences: l'*occupation principale* tient lieu de support social. Il me semble donc qu'un
agent dont l'occupation principale est l'administration dans un établissement
d'une branche donnée est un agent du Capital. Inversement, il semble que
théoriquement, tout autre agent dont l'occupation n'est pas l'administration
ni la direction peut être relié à la propriété juridique par la détention d'actions, etc. Ce dernier aspect, implicite dans les statistiques, ne m'intéresse
pas. Retient mon attention en ce qui concerne les places du Capital, la catégorie des administrateurs et directeurs d'entreprises.

Mais comment distinguer entre les places de la propriété économique
réelle et celles de la possession, niveaux de pouvoir économique partagés
entre le procès de production et le procès de travail? Il est clair, d'abord,
que les directeurs «salariés» remplissent pour la plupart des fonctions séparées
de celles réservées à la propriété économique: il s'agit d'une grande proportion d'agents des rapports de production monopolistes. Par contre, l'amalgame d'administrateurs non salariés laisse peu d'indices sur le sujet: ou
bien ce sont des propriétaires d'entreprises non monopolistes qui cumulent à
la fois propriété et possession ou bien ce sont des propriétaires séparés du
contrôle du procès de travail et ils relèvent des monopoles.

Qu'ai-je fait? Incapable de procéder par cas, j'ai dégagé des approximations par branches. Ainsi lorsqu'une de celles-ci contient une proportion
élevée de propriétaires et une proportion faible de managers salariés, on con-
sidère qu'il s'agit d'une branche faiblement monopolisée et inversement.
On verra dans l'analyse concrète les résultats tirés de cet indice.

Par ailleurs, tous les travaux salariés séparés de la direction constituent, *à divers degrés,* des niveaux *séparés des places du Capital,* allant des
rapports de domination jusqu'aux plus bas échelons de la dépossession.

Les catégories professionnelles et les activités économiques

Enfin, toujours quant aux rapports de production, il faudra trancher
le problème de la démarcation entre travaux (ou secteurs) productifs et
improductifs. À ce propos, les statistiques bourgeoises révèlent savamment
leur capacité de mystification. De production de capital, pas question. D'où
proviennent les richesses, d'où est tiré l'argent? Aucune mention. Il faudra

donc reconstituer ces procédés afin de reconnaître les bases de la division sociale du travail, les intérêts des classes et fractions qu'elle produit pour avancer dans la question des contradictions au sein des classes.

Considérons d'abord que les distinctions entre primaire, secondaire et tertiaire, parce qu'exclusivement descriptives, sont nulles et non avenues. La cueillette de tous les secteurs et branches qui tombent sous la définition propre à la production de plus-value reste à faire. À ce sujet, l'agriculture, les mines, le forestage, le trappage, la pêche, la construction et la fabrication sont sans équivoque. On trouve par contre deux ordres de difficultés : les secteurs des transports et communications, de l'entreposage, de l'électricité, gaz et eau qui contiennent tous deux des activités productives et improductives, puis le rangement de certains travaux parmi les professions d'une part et les métiers d'autre part dont la désignation par type d'établissement permettrait de classifier leur procès de travail.

Quant au secteur des «transports et communications et autres services d'utilité publique», sont considérés comme productifs (sans référence ici aux rapports idéologiques de domination mais au simple fait que le transport s'incorpore dans le produit), les pilotes, navigateurs et mécaniciens navigants, travailleurs spécialisés des chemins de fer et des transports par eau, sauf les officiers, certains conducteurs de camion et les travailleurs des transports «non classés ailleurs[24]». Les autres agents de ce secteur ont été désignés comme improductifs. Environ la moitié des travailleurs des transports sont à l'emploi d'une entreprise de ce type. Quant à l'entreposage, électricité, etc., on a remarqué que ceux qui s'y trouvaient productifs ont déjà été incorporés aux branches manufacturières[25].

Parmi les «professionnels et techniciens», certains travaux sont la plupart du temps exclus du procès de production immédiate : ce sont le personnel enseignant, les spécialistes de la santé, les juristes, les membres du clergé et les ministres du culte, les écrivains, rédacteurs et journalistes, les actuaires, économistes, comptables, diététiciens, assistants sociaux, bibliothécaires, décorateurs et photographes. Ces agents seront étudiés parmi les improductifs, qu'ils soient salariés de branches industrielles ou non.

La limite de ces quantifications s'impose au grand jour : certes, certains de ces agents, quoiqu'ils se rangent dans les rapports sociaux du côté de la domination (se trouvant dans le camp du travail intellectuel) voient

---

24. Selon la formulation officielle, *i.e.* «non mentionnés ailleurs sous cette catégorie».
25. Voir B.F.S. – 94-531. «Groupes industriels selon les professions détaillées.»

leur travail directement incorporé à la marchandise comme c'est le cas pour les photographes, diététiciens, décorateurs, etc. Cependant devant l'impossibilité de détacher ceux-ci de l'ensemble, la *tendance générale* qui définit intrinsèquement leur travail a été retenue. Encore une fois, il était difficile d'être fidèle dans ces cas aux *rapports* réels, osant croire que leur proportion ne dérangera pas l'ensemble des résultats.

Les cas de métiers qui se prolongent à l'intérieur de la circulation mais qui appartiennent de fait à la production concernent, parmi les travailleurs du commerce, les «commis aux stocks, aux expéditions et à la réception», *i.e.* les manutentionnaires, magasiniers, emballeurs, préposés d'entrepôts, préposés à la coupe des viandes, etc., puis dans les services d'entretien de l'outillage productif, les ajusteurs, machinistes, soudeurs, matriceurs, expéditeurs, conducteurs de chariots et manœuvres; dans les hôtels et restaurants, les cuisiniers et aide-cuisiniers[26].

Quelles divisions principales retenir parmi l'ensemble de ces travaux? La question des places du Capital autochtone ayant été résolue dans ses grandes lignes, restent les travaux séparés du contrôle des deux procès de production et de travail. Selon les rapports politico-idéologiques, ils occuperont soit les places de la direction subalterne soit celles de l'exécution, divisions qu'il restera à trancher à l'aide de définitions sur les limites de leurs fonctions. Pour l'instant, qu'il suffise de dire que parmi tous les agents reliés à des unités de production, on trouve des improductifs (employés de bureau, certains manuels et professionnels), des travailleurs intellectuels comme les contremaîtres et les techniciens situés du côté des rapports de domination et enfin, des ouvriers dont le degré de dépossession les range en bloc dans le travail manuel productif, support du terme antagoniste au Capital. Tous les autres travaux remplissent les tâches de la circulation et les aspects autres qu'économiques de la division du travail serviront à les ranger dans l'une ou l'autre couche et fraction de la petite-bourgeoisie.

Les aspects politico-idéologiques

Maintenant comment aborder le traitement des aspects politico-idéologiques de ces rapports? Il suffit ici de tirer de la théorie des critères concrets cohérents. Voici les deux premiers sur lesquels le capitalisme actuel incite à se pencher: la division entre travail intellectuel et travail manuel et la division du travail entre hommes et femmes; ces critères *ramèneront la question des formes politico-idéologiques de la division en classes à celles*

---

26. Liste tirée du «Questionnaire» cité à la page 63.

de la domination/subordination, de l'autorité/exécution, de la qualification/déqualification, etc. Pour situer chaque fonction, on dégagera, à partir des définitions sur le statut et l'activité de chaque occupation, des degrés de responsabilité et d'autonomie. Ensuite, ces degrés seront *pesés* à la lumière des effets de la division sexuelle sur ces occupations. Par exemple, la présence massive des femmes au sein d'un ensemble cohérent de travaux y révèlera une *tendance* effective à la prolétarisation, ce qui n'exclut pas que nombre de femmes se trouvent ailleurs dans les rapports de domination. On voit que la division sexuelle du travail agit au sein-même de la distribution des places avant que la distribution des agents vienne la confirmer. Il y a même de faibles mouvements, à l'heure actuelle, tentant de réformer, par la distribution des agents, cette division structurelle. Je pense à une minorité d'hommes remplissant des tâches traditionnellement réservées aux femmes comme le secrétariat, les soins aux malades, etc. Cependant, il reste que dans la structure des rapports sociaux du mode de production capitaliste, ces travaux occupent des places socialement dévalorisées parce qu'ils sont articulés à la division sexuelle, *i.e. conçus pour des femmes*. C'est là un facteur qui joue en faveur d'un accroissement de la division dans le travail social.

Les aspects juridiques

Enfin, quelques mots sur les rapports juridiques. La tendance est à considérer que les rapports juridiques ne font que sceller les autres rapports. Cette vision n'est pas dialectique. Les divisions juridiques du travail *agissent* à l'intérieur de certaines limites dans la reproduction des classes sociales. C'est aussi pourquoi on soulignera, en passant, que l'action syndicale est *liée à* la division en classes. Quoique certains mouvements tendent à nier les écarts entre les classes dominées, ceux-ci demeurent et le combat sur les contrats de travail ne pourra jamais qu'améliorer les conditions existantes et au mieux, réduire les écarts sociaux. Jamais, par exemple, ne sera-t-il possible d'abolir toutes les différences juridiques qui distinguent qualitativement (à l'échelle sociale et non individuellement) le contrat des manuels de la production de ceux des manuels de la circulation. La base des avantages du second provient justement du fait qu'il n'est pas lié au travailleur collectif. Pour l'instant, je me contenterai de souligner que c'est la raison pour laquelle il est dit que les rapports juridiques reproduisent les classes; ils reproduisent même les fractions.

Ces précisions ont été apportées en rapport avec la méthode pour qu'il soit clair que l'instance juridique ne doit pas être présentée comme résultat ni reflet mais comme *facteur nécessaire* de la division sociale en classes et fractions. Du point de vue de leur traitement, les statistiques sur les salaires et conditions de travail n'ont pas posé de difficulté propre sinon qu'on les suppose sur-estimés d'une part et, comme pour les autres rapports, mal partagés quant aux moments du procès d'ensemble d'autre part.

Avant de passer aux indices de la concentration, quelques précisions complémentaires. Pour commencer, un rappel sur les éléments théoriques précédents concernant la production familiale pour indiquer que, selon les statistiques canadiennes et québécoises, les femmes accomplissant les travaux ménagers font partie de la population «inactive». Leur exclusion de la main-d'œuvre entretient lourdement l'*idée* que les agents du travail familial n'appartiennent à aucune classe sociale ou encore à la classe sociale de leur mari. Rien ne montre plus clairement que cette dernière déduction l'inféodation idéologique des femmes aux hommes, jusque dans leur appartenance de classe. Du point de vue des statistiques, cette élimination est capitale. Si on met ce rapport à sa place propre, en tant que rapport de production dominé du mode de production capitaliste, on introduit 41% de plus d'agents dans la division sociale. La nouvelle «main-d'œuvre active» en sera majorée d'autant.

Au sujet d'une autre catégorie, une difficulté d'interprétation se pose qu'il faudrait indiquer. Il s'agit du cas des professionnels médecins et juristes dont *23%* sont «à leur propre compte».

On sait que le pouvoir économique de ces agents les amène, du moins en théorie, à diriger des entreprises professionnelles, cliniques, bureaux d'affaires, etc. dont l'importance dépasse la petite propriété. Il s'agirait là d'entreprises non monopolistes et ces professionnels se rangeraient au sein du Capital. Cependant, les statistiques ne permettent pas de trancher le problème; seul l'accès aux informations des associations de ces corps professionnels aurait pu satisfaire à nos questions.

5.3. Les divisions ethniques

Enfin, un dernier commentaire concernant l'étude de certains critères selon les couches ethniques du Capital. Fort malheureusement, on notera que ces divisions n'ont pas pu être faites au niveau de tous les facteurs d'analyse. En effet, j'ai dû me référer à une étude partielle pour en faire l'introduction. Il m'a d'ailleurs été difficile d'établir dans tous les cas s'il s'agissait de la propriété économique ou juridique du capital car certains établissements sont rangés selon la part d'actionnaires et d'autres selon les membres des Conseils d'Administration. Ces réserves étant faites, on invite le lecteur à évaluer les résultats tirés de ces critères dans l'analyse.

5.4. Problèmes de synthèse et d'analyse

C'est au niveau global que s'affiche le plus clairement la difficulté qui consiste à faire l'analyse concrète des classes existantes dans les luttes. En effet, beaucoup d'aspects des transformations sociales échappent à l'esprit des classifications bourgeoises. Le noyau de difficultés que le chercheur marxiste est à même de rencontrer concerne la concentration des rapports sociaux et ses effets sur la division dite «professionnelle» et sur les secteurs économiques. Rien de tel dans les recensements et études officielles. On devra forcément procéder par approximations et par recoupements.

Mon objectif était d'établir une ligne de démarcation 'entre la proportion d'établissements monopolistes et non monopolistes. Pour arriver à cette fin, je ne disposais que d'indices sur les branches. On pourrait, à la limite, arriver à établir la position d'une partie dominante de chaque branche en rapport avec les monopoles. Rien sur le reste de la branche et rien sur les unités de base. Que vaudrait cette classification?

Voyons d'abord l'analyse par branches. Selon moi, la branche est un support contradictoire des monopoles: elle est l'objet et le lieu de la concentration. Ainsi, si on dit qu'une branche est monopolisée, c'est parce que de nombreux monopoles la traversent. Mais cette représentation ne renvoie qu'à la réunion de plusieurs éléments de monopoles. On ne devrait pas parler de monopolisation de la branche mais *dans* la branche puisque chaque unité de concentration monopolistique s'attaque en général à plusieurs branches à la fois, productives ou improductives. Ce que les statistiques révèlent au sujet de la branche n'est donc que l'effet de plusieurs monopoles sur une même branche, concrétisation des rapports de production.

Synthèse d'autres éléments, la branche ne vaudrait à son tour que comme indice; à ce titre, elle a été retenue. En effet, plusieurs *critères convergents* de part et d'autre, dont la variété fournissait des voies d'interprétation, ont servi aux présentes analyses. Il semble indispensable d'en dégager, à l'avance, toutes les coordonnées.

Est-il alors téméraire de présenter ces résultats malgré les risques de distorsion? S'il est vrai que dans l'état actuel des sciences humaines, les limites des statistiques officielles engorgent les voies de l'analyse matérialiste, il faut ouvrir des brèches. Sur cette voie on a pu observer que beaucoup des résultats obtenus convergent et rejoignent souvent l'observation empirique. Voilà pourquoi, en gros, ils n'ont pas été rejetés.

Faute de mieux, pour arriver à la désignation du processus de concentration par branches, les indices suivants ont été comparés: position de la

branche par rapport aux constituants organiques du taux de profit, *i.e.*
aux taux d'exploitation et d'accumulation, aux formes dominantes de l'exploitation, intensive ou extensive, aux critères d'identification et de qualification des couches ethniques de la propriété des entreprises, à la proportion
réciproque d'administrateurs recensés comme propriétaires ou comme directeurs salariés, et enfin, à la répartition interne du travail intellectuel entre les
professionnels, techniciens et contremaîtres. Tous ces critères, qu'ils désignent les places du Capital ou celles des autres couches de travailleurs, serviront d'indices de la présence des rapports monopolistes. Après en avoir
présenté l'analyse au fur et à mesure qu'ils se présentent au cours de l'observation des formes concrètes de la division sociale du travail, je dégagerai
la concordance de l'ensemble et conclurai sur le *mouvement principal*
qui anime la branche et indique sa position, objet de la lutte des classes.

Voici maintenant les dernières réserves que je désire formuler au
sujet de ces indices. On a parlé plus haut de «formes concrètes» de la division
sociale. Par «concrètes» on signifie des formes ou des indices existant tel quel
dans la réalité. Or, dans certains cas, il s'agit plutôt de «caractères empiriques» ou descriptifs et même apparents... À ce titre, le statut de «formes
concrètes» n'est pas approprié. C'est pourquoi il est extrêmement *délicat*
de poser le rapport entre ces éléments et la théorie. Que faire? Les alterna-
tives sont fort réduites, mais après essai, les résultats, sans être tout à fait
fidèles au plus concret, n'ont quand même pas semblé à ce point négligeables.

C'est le calcul des taux d'exploitation, d'accumulation et de profit
qui a constitué la véritable pierre d'achoppement. De leur mise en rapport,
voici comment j'ai tiré l'indice dominant des formes du processus d'exploitation, forme intensive ou extensive, relative ou absolue.

Les statistiques fédérales parlent de coûts (combustible, électricité,
matières premières, fournitures utilisées), de valeur ajoutée, de salaires à la
production; ces trois notions seront utilisées comme bases d'approximations
des taux. Suivant les lois du mode de production capitaliste dégagées par
Marx, le taux d'exploitation (nouvelles valeurs sur capital affecté aux salaires)
pourrait s'approcher ici du rapport de la valeur ajoutée à la masse salariale;
le taux d'accumulation, des coûts de production par rapport à la masse salariale et le taux de profit, de la masse de valeur ajoutée par rapport aux coûts
de production et à la masse salariale. Une fois la moyenne obtenue concernant le taux de profit social moyen, tous les taux de profit supérieurs à cette
moyenne correspondront, dans chaque branche où ils sont repérés, à un
taux d'exploitation supérieur au taux d'accumulation. Ce résultat quantitatif
traduit la contradiction fondamentale du mode de production capitaliste;

quand le taux d'accumulation des richesses s'élève, il doit être contre-balancé et dépassé par un accroissement supérieur du taux d'exploitation. Les branches et les unités de production qui ne réussissent pas à maintenir cet équilibre font baisser le taux de profit moyen. Il leur faudra contrecarrer ce mouvement, soit par une intervention auprès des facteurs affaiblissant le taux, c'est-à-dire par une dévalorisation des coûts ou par une augmentation des moyens d'exploitation ou encore par les deux. Si ces mesures sont insuffisantes, le processus devra soit absorber, soit éliminer les unités déficientes. En observant la position de chaque branche face à ce processus, on sera à même d'indiquer quelles sont les *tendances possibles* de son déplacement en tant qu'objet de lutte.

Un des remèdes aux difficultés du Capital est l'augmentation de l'exploitation par l'intensification. Cela veut dire qu'au lieu de faire fournir au travailleur un surtravail en étirant en termes absolu ou extensif la durée de sa journée à l'usine, le capitaliste lui fait produire plus de marchandises-capital en perfectionnant les conditions de son rendement à l'intérieur des limites de cette journée. Cette forme n'offrira aucune limite à son développement, contrairement au prolongement de la durée de la journée de travail qui est subordonné à la limite absolue de celle-ci.

Or, le perfectionnement des modes de rendement du travail est un *corollaire de l'accumulation acquise* et de la concentration; ainsi il renvoie au progrès technique et scientifique d'une part, et à l'efficacité de la force de travail d'autre part. Ces aspects intensifs de l'exploitation sont en rapport direct avec le degré de développement des forces productives dans la branche, comme résultat d'une accumulation historique. Plus une branche est concentrée, plus elle a réussi à réduire ses coûts, plus on est à même d'en déduire qu'elle maîtrise avec excellence le savoir de l'exploitation intensive d'une part, et d'en induire d'autre part qu'elle contribue favorablement au maintien du taux de profit moyen. Inversement, plus une branche manifeste de la *difficulté à équilibrer son taux donné d'exploitation par rapport à son taux d'accumulation*, plus il est net qu'elle ne contrôle pas les conditions lui permettant de traduire en taux de profit ses efforts réels pour extorquer du capital aux ouvriers.

La forme dominante de l'exploitation, intensive ou extensive, est un indice du degré de monopolisation exprimé ou possible dans une branche et un facteur objectif dans la lutte des classes. Une branche où le taux d'exploitation dépasse difficilement le taux d'accumulation (facteur des coûts de production) devient l'objet de dures tensions entre fractions de la bourgeoisie: c'est aussi là que les salaires baissent, les journées s'allongent, les congés se raréfient, les conditions matérielles, hygiène, ventilation, cadences, rendement à la pièce s'aggravent : des menaces de fermetures imminentes pèsent sur le secteur.

En ce qui concerne les autres critères des rapports monopolistes, on trouvera leur explication à travers les indications méthodologiques qui précèdent. Il est maintenant temps de présenter l'ordre de l'exposé.

Encore à ce niveau s'ouvre le piège de l'articulation entre théorie et objet concret. Afin de rester fidèle au but que j'ai fixé, à savoir la *reconstitution des éléments organiques de la division en classes*, l'exposé s'arrêtera à disséquer, en quelque sorte, des aspects que la réalité ne dissocie pas.

Dans un prochain chapitre, on verra à l'œuvre, point par point, les procédés relativement autonomes de la division capitaliste du travail, puis les dissociations et les raccords induits de ces procédés. Le résultat, au chapitre suivant, concordera avec notre appréciation des classes sociales existantes présentée comme rapport entre classes en lutte et luttes de classes.

CHAPITRE II

UNE DIVISION SOCIALE DU TRAVAIL COMPLEXE

Le présent chapitre expose, quasi à l'état brut, les principaux résultats d'une longue investigation sur la division sociale du travail au Québec d'aujourd'hui. Cette investigation a représenté au moins trois années de recherche dont les résultats sont présents dans un manuscrit de quelque six cents pages sous forme de thèse. On comprendra, pour des raisons évidentes, que ce texte a dû être longuement remodelé et privé de l'exposé de données dont l'élaboration a été, dans certains cas, précieuse pour la présente analyse. C'est pourquoi, pour des raisons d'économie dans la présentation, certains résultats prendront des formes syncopées, réduites ; ces condensations sont plus serrées dans le cas de la bourgeoisie à laquelle la recherche originale avait consacré une étude complexe et plus développée. On trouvera donc ici la synthèse des caractères sociaux concrets de la division en classes exposés dans le dessein de fournir une sorte de canevas de base de la structuration des rapports de classe.

L'ordre de présentation sera le même pour tous les chapitres, c'est-à-dire allant de la bourgeoisie à la nouvelle petite-bourgeoisie.

1. Définition des rapports au sein de la bourgeoisie

On trouve, dans un manuel d'instructions accompagnant un questionnaire du Bureau de la Statistique du Québec sur le personnel de direction, les cadres, professionnels, technologues et techniciens, ce qui est appelé la définition «des niveaux de responsabilité» attribués à chacune de ces fonctions. Ces lignes de démarcation entourant les cadres de la direction révèlent les termes dans lesquels se définissent les tâches du Capital.

Selon le B.S.Q., toutes les fonctions de l'instance dirigeante réalisent l'un ou l'autre des objectifs suivants : «élaborer et déterminer... la politique générale et le programme de l'entreprise ou de l'établissement ; déterminer les méthodes permettant d'atteindre les objectifs du programme ; contrôler et coordonner les activités des différents services de l'entreprise ou de l'établissement[1]». Quant aux deux aspects des rapports de production qui définissent sur le plan économique la classe capitaliste, on les trouve résumés comme suit : 1) La *propriété économique* correspond, selon nous, à ce que ce guide méthodologique présente comme «cadre supérieur du niveau» : «il est appelé dans ses fonctions à *prendre* ou à proposer toute *décision* susceptible d'exercer une action sur l'évolution ou sur l'avenir à long terme de l'établissement. Il planifie, *établit, et définit la politique générale*, les programmes et les objectifs à atteindre. L'activité du cadre supérieur se distingue de celle des autres employés de direction en ce qu'elle doit être orientée vers le moyen terme et surtout *le long terme* ... [comme] président, propriétaire-gérant, directeur général, trésorier et contrôleur, secrétaire et trésorier, gérant-général ou directeur ou gérant de division, etc.[2]».

Ces titres correspondent aux responsabilités et pouvoirs suivants : par exemple, «directeur administratif : [...] participe à l'élaboration de la politique administrative de l'établissement [...] peut assumer les fonctions de secrétaire du conseil d'administration [...] dirige la préparation des registres...» ; «gérant général : [...] coordonne l'activité des départements [...] planifie et dirige la commercialisation... ; «contrôleur : [...] prépare les rapports sur la situation financière de l'entreprise [...] dirige la préparation des budgets [...] fixe les taux de dépréciation devant s'appliquer aux immobilisations...» ; «directeur des finances : [...] dirige la planification financière [...] analyse les registres financiers afin de prévoir... [3]».

Les fonctions de la *possession* du procès de travail et les pouvoirs qui s'y rattachent semblent reflétés par les définitions des cadres moyens de niveaux 2 et 3 : «En général, le cadre moyen du niveau 2 est appelé dans ses fonctions à *interpréter* et *exécuter* la politique générale de *l'établissement*. Ses fonctions, tout en s'inscrivant dans le moyen terme, sont principalement un travail de *court terme*, voire même d'exécution immédiate. Il est un employé de direction plus étroitement spécialisé et se situe à un niveau hiérarchique intermédiaire dans l'établissement ou l'organisation. Il exerce ses responsabilités sous la direction d'un supérieur hiérarchique [en tant que] [...] directeur, gérant ou chef de département ou de division, contrôleur de département ou de division, coordonnateur, etc.[4].»

1. «Instructions sur ...», p. 3.
2. «Instructions sur ...», p. 4. [C'est moi qui souligne.]
3. «Questionnaire sur l'emploi et la rémunération...», p. 2.1 et 2.2.
4. «Instructions sur ...», p. 4 ; [c'est moi qui souligne] ; ce «supérieur hiérarchique» peut se trouver sur le même lieu, sur le même territoire ou hors du territoire de l'entreprise.

Voici comment se définissent quelques-unes des fonctions qui tombent dans cette couche : «Chef de bureau : [...] assure un débit efficace de travail en évaluant la production et en révisant les méthodes de production [...] propose des plans d'aménagement des bureaux...» ; «directeur du personnel : [...] propose et accomplit les programmes relatifs à toutes les phases de l'activité du personnel [...] confère avec les représentants de la compagnie...» ; «Directeur de l'informatique : [...] de concert avec la direction, définit les limites et les priorités des projets à l'étude, tient la direction au courant...» ; «directeur des systèmes et méthodes : fait faire et dirige des études sur l'organisation des méthodes de production [...] fait des recommandations pour accroître le rendement et en surveille la mise en application [...] analyse des projets industriels...» ; «directeur de l'engineering : [...] est chargé de la mise en application des principes scientifiques pour concevoir ou mettre au point des machines, appareils ou procédés de fabrication [...] s'occupe d'obtenir le meilleur rendement possible des machines-outils...[5] », etc.

Le cadre moyen de niveau 3, est «affecté à des fonctions de direction beaucoup plus *spécialisées* et définies qui se situent *essentiellement* dans le court terme... [comme] chef de section, adjoint, auxiliaire ou assistant d'un supérieur hiérarchique immédiat[6] ».

Un «agent de liaison : s'occupe de promouvoir les ventes... parcourt le pays... réunit des gens et rencontre des clients individuellement...» ; un «directeur des achats : achète les machines, l'équipement [...] interroge les fournisseurs... ; avec les employés chargés de l'inspection des produits achetés, discute des défauts [...] et en détermine la cause, puis s'occupe de les faire corriger» ; un «directeur de laboratoire : dirige et coordonne les activités des employés qui font les tests chimiques de routine pour vérifier la qualité d'un procédé ou d'un produit [...] étudie les rapports des tests [...] interprète les résultats des tests[7]», etc.

En comparant ces éléments aux rapports de classe définis dans le chapitre précédent, il est aisé de supposer que, dans les entreprises non monopolistes, on devrait trouver des fonctions de niveaux 1, 2 et 3 souvent remplies par un seul ou par quelques agents du Capital au sein d'une même unité de production ; ou encore, des fonctions de niveaux 1 et 2 remplies par l'administrateur principal aidé d'un ou de deux associés de niveau 3, selon l'importance de l'établissement[8].

---

5. «Questionnaire sur l'emploi...», p. 2.2, 2.3, 2.5.
6. «Instructions...», p. 5 ; [c'est moi qui souligne.]
7. «Questionnaire sur l'emploi...», p. 2.4, 2.5, 2.6.
8. Les cadres de niveau 3 peuvent, dans certains cas, ne remplir que des fonctions subalternes ; ils sont alors séparés du Capital et tombent dans la petite-bourgeoisie. Il s'agit là surtout de cadres des entreprises concurrentielles.

Dans les entreprises monopolistes, par contre, on trouverait une séparation très nette entre les niveaux 1 et 2. Les cadres supérieurs, affectés des pouvoirs de la propriété économique, régissent plusieurs établissements en même temps, dont le développement prévaut sur les intérêts immédiats d'un ou de plusieurs procès de travail dont répondent les cadres de niveaux 2. Les cadres supérieurs, selon la classification québécoise, sont souvent des membres des Conseils d'administration.

1.1   Les propriétaires et les capitalistes salariés

Pour le Recensement, la distinction entre «propriétaires» et «directeurs salariés» renvoie, elle, au statut plutôt qu'au mode de rémunération. La «propriété» y représente en effet le statut du capitaliste lui-même *à la tête* de sa propre entreprise *i. e.* contrôlant à la fois procès de production et procès de travail[9] ; l'administrateur salarié désigne, par contre, soit le membre du Conseil d'administration de la société-mère, soit le cadre de la filiale, soit un associé de l'établissement concurrentiel. Peu de sièges sociaux des entreprises monopolistes se trouvant en sol québécois, la présence d'administrateurs salariés combinée à une absence relative de «propriétaires» dans une branche indique que les directeurs salariés recensés au Québec représentent surtout les cadres des filiales canadiennes-anglaises ou étrangères. En effet, les statistiques fédérales révèlent des concentrations très fortes de «propriétaires» dans certaines branches comme, par exemple, le forestage, la construction, le vêtement, le commerce de détail, etc. Par contre, des secteurs comme les mines, le pétrole, les appareils électriques, les finances recèlent une majorité frappante d'administrateurs salariés et très peu d'administrateurs propriétaires. L'*indice* est net : la salarisation massive des fonctions capitalistes renvoie très manifestement à l'implantation des rapports monopolistes dans ces secteurs. Les capitalistes, quand ils s'identifient comme propriétaires face aux enquêteurs du Recensement, indiquent qu'ils sont les directeurs ou gérants de leur propre entreprise. Ce qui les distingue des petits propriétaires dépend, comme je l'ai dit précédemment, de leur activité principale : ces derniers s'occupent plutôt à produire, à vendre ou à distribuer pour leur propre compte, qu'à *administrer...*

On va maintenant distribuer ces agents selon les sphères de la production et de la circulation, dans l'ordre décroissant de la proportion d'«administrateurs-propriétaires».

---

9.   Pour le B.F.S., «propriétaires» se définit : «personnes qui exploitent leur propre entreprise avec ou sans aide payée».

I. ADMINISTRATEURS DU CAPITAL SELON LES FORMES PRINCIPALES DE LEUR RÉMUNÉRATION – 1961

Secteurs de la production	Propriétaires			Salariés et Propriétaires	Taux de propriétaires
	H	F	T		
Construction	6 351	19	6 370	6 617	96%
Forestage, abattage	488	3	491	793	61,9%
Fabrication (branches industrielles)	8 674	381	9 038	21 446	42%
Transports, communications et autres services publics	1 669	56	1 725	6 134	28%
Mines, carrières et puits de pétrole	115	2	117	538	21%
Secteurs de la circulation					
Services personnels	8 261	2 320	18 842	28 247	88%
Commerce de détail	25 077	5 466	30 543	38 924	78%
Toutes autres industries	676	43	719	1 151	62%
Commerce en gros	5 689	163	5 852	10 270	56%
Services industriels	664	41	705	1 507	46%
Services commerciaux	621	51	672	1 594	42%
Finances, assurances et imm.	2 419	88	2 507	9 232	27%
Services divers	488	29	517	2 146	24%
Services sociaux	128	146	274	1 772	15%
Directeurs déterminés	45	4	49	14 870	0,3%
Secteur étatique					
Administration publique	–	–	–	5 713	–
TOTAL (masse)	61 348	8 812	70 160	137 693	50,9%
TOTAL Proportion	86%	14%	100%		

Source : B.F.S., cat. 94-514. – 1961

Quand un secteur concentre une proportion dominante de propriétaires qui remplissent les fonctions administratives, il est permis de supposer qu'une grande majorité de ceux-ci exercent *à la fois* les pouvoirs de la propriété et de la possession *non monopoliste* et une mince proportion, impossible à quantifier, les pouvoirs de la propriété *monopoliste seule*. Cette dernière approximation est permise dans la mesure où l'on sait que peu d'établissements monopolistes voient leurs destinées à long terme définies en territoire québécois. Le pouvoir économique réel se trouve à l'extérieur du Québec[10], soit dans le reste du Canada, plus particulièrement en Ontario, bastion du capital anglo-canadien, soit surtout aux États-Unis.

Inversement, la présence d'administrateurs salariés est l'indice de la présence du capital monopoliste, c'est-à-dire du capital monopoliste non canadien-français. Les éléments canadiens-français se trouvent certes présents quoique en nombre infime dans le secteur monopoliste mais pour les raisons énoncées précédemment, leur présence se noie dans le capital anglo-canadien et étranger.

Bref, les administrateurs salariés résidant au Québec remplissent plus souvent les fonctions de *direction monopoliste à court et à moyen terme qu'à long terme* et sont au service d'intérêts situés hors du Québec.

On aura remarqué que, dans la production, seules les mines se trouvaient carrément du côté des monopoles. Les transports et communications seront principalement associés au secteur étatique. Quant aux multiples branches de la fabrication, elles seront étudiées à part un peu plus loin. Dans la circulation, les branches des finances occupent une position nette et opposée à celle du commerce de détail. On y reviendra. Quant aux différents services, les sources utilisées indiquent que les «services sociaux et les services divers» relèvent en grande partie du secteur public; c'est pourquoi on y trouve peu d'agents de la propriété. Pour les services commerciaux (comprenant les services récréatifs) et industriels, on serait porté à dire qu'une concentration qui couvrirait la majeure partie des procès de production et de travail n'est pas encore acquise.

Posons dès maintenant l'importance des agents de la bourgeoisie qui occupent les sommets des appareils d'État[11]. Si l'on retire des secteurs pré-

---

10. Un article de Maurice Sauvé, l'attestait particulièrement : «Les Canadiens à la direction des entreprises», dans *la Presse*, 2 juin 1976, p. 4.
11. Sont désignés ici les administrateurs publics des services sociaux (enseignement, santé, bienfaisance, etc.), les «directeurs» des organismes culturels, religieux, etc. aussi bien que les cadres supérieurs de l'appareil d'État.

cités les agents de la propriété *privée*, on trouve que les administrateurs d'État résidant au Québec correspondent à environ 10% de tous les agents de la bourgeoisie. Cette proportion n'est qu'approximative dans la mesure où il a été impossible d'isoler les salariés des entreprises privées se trouvant dans les secteurs étatisés ou l'inverse. La bourgeoisie québécoise actuelle assigne donc environ un de ces agents sur dix aux postes de commande des appareils d'État, ces fonctions étant aussi bien remplies au niveau de l'administration fédérale, provinciale que municipale. Quant aux membres de l'appareil œuvrant au niveau fédéral et résidant au Québec, ils représentent près de la moitié de tous ces «tenants» de l'État.

L'industrie

Je vais maintenant m'arrêter aux distinctions entre branches de l'industrie. Une première remarque : les branches de l'extraction ont déjà été présentées à l'exception de l'agriculture dont les propriétaires sont à la fois producteur et propriétaire. S'il se trouve quelques capitalistes dans l'agriculture, les statistiques utilisées ne les désignent nulle part, c'est pourquoi on est contraint de les ignorer. Voici donc les branches de la «fabrication» :

II. RÉPARTITION DES BRANCHES INDUSTRIELLES ENTRE ADMINISTRATEURS/PROPRIÉTAIRES ET SALARIÉS − 1961

Branches	Administrateurs Propriétaires	Administrateurs Salariés	Total
Aliments et boissons	47%	53%	14 %
Tabac	17%	83%	0,8%
Caoutchouc	14%	86%	0,8%
Cuir	49%	51%	3 %
Textiles	35%	65%	5 %
Bonneterie	47%	53%	1 %
Vêtement	66%	44%	11 %
Bois	75%	25%	6 %
Meuble	62%	38%	4 %
Papier et connexes	10%	90%	5 %
Imprimerie et édition	45%	55%	6 %
Métaux primaires	13%	87%	3 %
Produits métalliques	49%	51%	6 %
Machinerie	25%	75%	2 %
Matériel de transport	16%	84%	3 %
Appareils électriques	10%	90%	5 %

Branches	Administrateurs Propriétaires	Administrateurs Salariés	Total
Produits minéraux non métalliques	51%	49%	3%
Pétrole et charbon	9%	91%	1%
Produits chimiques	18%	82%	7%
Industries manufacturières diverses	53%	47%	6%
Moyenne	*42%*	*57%*	*100%*

Source : B.F.S., 94-514. – 1961

À la lecture de ce tableau, l'attention devrait d'abord se porter sur le fait que la distribution des agents du Capital, dans l'industrie, s'effectue très inégalement. Il y a, par exemple, 3% de ceux-ci dans la production du matériel de transport et 11% dans le vêtement. La *nature des places* offertes aux diverses couches de la bourgeoisie n'est pas secondaire. Elle dérive, dans le cas du Québec, pour une part, de la division nationale du travail qui réserve en priorité à l'Ontario la production de biens durables. Elle se définit donc à travers des branches qui accueillent, les unes, des proportions d'agents du capital plus élevées que d'autres. Les raisons de cette inégalité devront être déchiffrées car la faiblesse numérique absolue des places assignées dans une branche ne représente pas *en elle-même* un indice de rapports monopolistes ou non monopolistes.

Le précédent tableau est intéressant dans la mesure où les données qu'il recèle renvoient à la distinction entre propriété économique et possession. D'un point de vue méthodologique, il est vrai, comme on l'a dit, tous les administrateurs – et non seulement eux – ont accès à la propriété juridique d'une part et d'autre part, les répondants qui s'identifient comme «propriétaires» n'ont pas nécessairement les pouvoirs de la propriété économique. Cependant, le problème qui me retient concerne le rapport entre propriété et pouvoir économique auquel répond à notre satisfaction la catégorie «administrateurs pour leur propre compte».

On retiendra donc la proportion de propriétaires par branche, telle que révélée par les statistiques, comme premier indice de démarcation des rapports de production. Qu'est-ce à dire ? Arbitrairement, on fixera à 40% ce seuil de démarcation, considérant que la présence de plus de 40% d'administrateurs propriétaires parmi tous les agents du Capital dans une branche indique que plusieurs de ces agents cumulent les deux fonctions de propriété économique et de possession. Il y a donc, dans ces cas, identité des deux

fonctions au sein des mêmes places. Par contre, l'absence relative de propriétaires dans une branche peut annoncer ou bien que le cumul des deux fonctions se trouve en part assez faible, ou bien que les agents de la propriété économique séparée résident hors du territoire québécois.

Si l'on range les branches suivant ce critère (plus ou moins de 40%),
on trouvera que les dix premières branches ne contiennent que 15% de tous
les propriétaires industriels recensés au Québec ; 85% de ceux-ci se trouvent
donc dans les dix dernières. Il sera alors intéressant d'analyser cette distribution à la lumière des fonctions de possession ou de direction salariée. Voici
donc un tableau permettant de comparer la répartition de la propriété d'une
part et de la possession d'autre part.

III. DISTRIBUTION DES BRANCHES INDUSTRIELLES SELON LA
      PROPORTION DE PROPRIÉTAIRES − 1961

Branches

Proportion de propriétaires inférieure à 40%	Répartition des Propriétaires	Répartition des Administrateurs salariés
Pétrole et charbon	0,3%	2%
Appareils électriques	1 %	8%
Papier et connexes	1 %	8%
Produits métalliques primaires	0,9%	4%
Caoutchouc	0,2%	1%
Matériel de transport	1 %	5%
Tabac	0,3%	1%
Produits chimiques	3 %	10%
Machinerie	1 %	3%
Textiles	5 %	6%
TOTAL	15 %	50%

Proportion de propriétaires supérieure à 40%	Répartition des Propriétaires	Répartition des Administrateurs salariés
Imprimerie et édition	6%	6%
Aliments et boissons	16%	13%
Bonneterie	2%	1%
Produits métalliques	7%	5%
Cuir	3%	2%

Proportion de propriétaires supérieure à 40%	Répartition des Propriétaires	Répartition des Administrateurs salariés
Produits minéraux non métalliques	4%	3%
Produits manufacturiers divers	7%	5%
Meuble et articles d'ameublement	6%	2%
Vêtement	18%	6%
Bois	11%	2%
TOTAL	84%	49%
GRAND TOTAL	100%	100%

Source : Tiré de 94-514. — 1961

À première vue, on serait peut-être tenté de s'attendre à ce que les premières branches quant à la proportion d'agents de la propriété correspondent aux dernières quant à la proportion de managers salariés, ou l'inverse. Ainsi, les branches les plus dépourvues de propriétaires en sol québécois concentreraient une majorité de «managers» de la direction des procès de travail. Or il n'en va pas toujours ainsi et c'est ce qu'il faut expliquer.

D'abord, les cas les plus simples. En effet, cinq branches contiennent peu de propriétaires et beaucoup d'administrateurs salariés ; c'est le cas des industries qui accusent une séparation dominante entre propriété et possession : ce sont les produits chimiques (propriété étrangère à 77%), les appareils électriques, le papier et les produits connexes, le matériel de transport et les produits métalliques primaires.

Retenons ensuite les cas où l'on trouve des agents des deux fonctions, c'est-à-dire des branches importantes dans la structure de l'économie québécoise où l'on trouve *à la fois* séparation et fusion des fonctions du Capital : ce sont les aliments et boissons, l'imprimerie et l'édition, le textile, le vêtement, les produits métalliques et les produits manufacturiers divers. De plus, quelques industries se signalent par la forte disproportion de propriétaires ou par la part absolue très faible de managers. Dans les premiers cas, le bois et le vêtement, il semble qu'un bon nombre d'administrateurs remplissent *à la fois* les fonctions de direction à court et à long terme. Dans les seconds cas, le caoutchouc, le tabac et la bonneterie, soit que la proportion d'unités de production est relativement mince, que ces branches ont une importance mineure dans l'industrie québécoise, que leurs procès sont en voie de dissolution, ou encore qu'elles se trouvent dans une phase de déplacement. D'autres critères devront contribuer plus loin à élucider ces questions.

Un deuxième critère concernant les formes concrètes que prend la division sociale au sein du Capital, au Québec, aujourd'hui, est représenté par les *divisions ethniques* de celui-ci. On trouve, au Québec, des capitalistes étrangers puis canadiens-anglais et canadiens-français. Ces trois couches ethniques se subdivisent selon les divisions sociales entre intérêts monopolistes et non monopolistes. Avant d'opérer ces fractionnements, il serait opportun de connaître les caractères empiriques propres de chacune de ces couches dans la mesure où ces caractères posent justement les limites des différents rapports sociaux au sein de la bourgeoisie résidant au Québec.

1.2   Caractères ethniques des couches du Capital

Une étude de la Commission royale d'enquête sur le Bilinguisme et le Biculturalisme, faite par l'économiste André Raynauld, se révèle fort éloquente concernant la répartition ethnique du Capital. Pour diverses raisons d'ordre méthodologique, les chercheurs marxistes québécois sont restés en deçà des possibilités de révélation de cette étude. Pourtant l'analyse permet d'y puiser des informations fort pertinentes.

La difficulté de cette étude provient de sa classification par trop généreuse en rapport avec chaque couche ethnique du Capital. En effet, y son retenues comme étrangères les entreprises industrielles dont plus de 50% des actions sont sous contrôle étranger. Or, on sait que le contrôle réel peut s'exercer à beaucoup moins. Malgré cette objection et en dépit d'autres difficultés mineures[12], la plupart des résultats obtenus restent valables selon nous. C'est pourquoi je me propose de les utiliser.

L'étude en question élabore longuement au sujet des écarts entre les trois couches ethniques du Capital au cours du procès de production. Ces écarts se comparent empiriquement comme suit :

IV. CARACTÈRES DIFFÉRENTIELS DES GROUPES ETHNIQUES[13] 1970

	Can. franç.	Can. angl.	Étranger
Contribution à la valeur ajoutée	15%	42,8%	41,8%
Masse de valeur ajoutée moyenne par individu par an	$6 495	$8 991	$12 199
Part totale de la force de travail	21,8%	46,9%	31,3%

---

12. En particulier le fait que ces résultats datent déjà de dix ans (comme les autres dans la présente étude) et aussi du fait qu'ils ne tiennent pas compte du secteur étatique qui renforce la fraction canadienne-française de la bourgeoisie au Québec.
13. Tiré de Raynauld, chap. III.

	Can. franç.	Can. angl.	Étranger
Productivité relative à l'indice 100	14% — c.a.	36% — étr.	33% au- dessus de l'ind.
Taille des établissements par rapport à l'établissement canadien-français	le plus petit	4 fois — grand	7 fois — grand
Salaire moyen (pondéré)	$87,5	$98,7	$102,8
Coût du travail par rapport à la valeur ajoutée	55%	54%	44%
Part des exportations hors de la province	4,5%	44%	51,5%

Source : *Raynauld*, op. cit., *tiré du chap. III.*

Afin de dégager les principales corrélations contenues dans ce tableau, l'analyse portera sur le groupe canadien-anglais *comme intermédiaire* entre les deux groupes extrêmes. En fait, le groupe canadien-anglais est polarisé vers les deux autres groupes selon des critères qui varient. Cette polarisation se réalise à travers les indices suivants :

V.   BI-POLARISATION DU CAPITAL CANADIEN-ANGLAIS

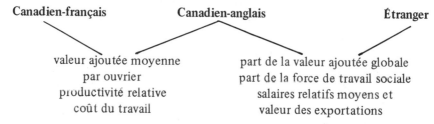

Canadien-français   **Canadien-anglais**   **Étranger**

valeur ajoutée moyenne   part de la valeur ajoutée globale
par ouvrier   part de la force de travail sociale
productivité relative   salaires relatifs moyens et
coût du travail   valeur des exportations

Commençons par la productivité. À cet égard, le groupe canadien-anglais présente un taux inférieur de 35% à celui du groupe étranger et supérieur de seulement 14% à celui du groupe canadien-français. Par contre, la taille moyenne de l'établissement canadien-anglais se situe à mi-chemin de celle de chacun des deux autres. La productivité étant donc au-dessous de la moyenne, le coût du travail s'avérera supérieur à celui du groupe étranger dans dix-sept branches sur vingt et une. La force de travail à l'emploi du capital canadien-anglais doit être de 15% supérieure pour produire la même valeur ajoutée. Il semble net que ce capital recouvrera *des branches dont la concentration monopoliste n'est pas définitivement réalisée.* Je vais maintenant me pencher sur les domaines de spécialisation de chacun des trois groupes.

La spécialisation de chaque couche ethnique

Si on pondère la participation du groupe **canadien-français** (en prenant comme critère une production de plus de 50% de la valeur ajoutée dans une branche) avec l'importance de la branche industrielle, on trouve, comme le dit l'étude, que «le groupe canadien-français est le partenaire du tiers-ordre dans l'ensemble et en dépit de certaines concentrations de ses investissements, il ne domine dans aucun des secteurs considérés sauf dans l'industrie du *bois*». Dans les autres branches, les actionnaires canadiens-français sont rigoureusement sous-représentés. Dans l'ordre décroissant, on les trouve en faible part dans le bois, les aliments, le cuir, l'imprimerie et l'édition, les produits métalliques et le meuble. La spécialisation relative du capital **canadien-anglais** se remarque, par ailleurs dans le vêtement, les pâtes et papiers, le textile, l'imprimerie et l'édition puis les aliments et boissons. Enfin, le groupe **étranger** exerce une prédominance plus exclusive sur ses industries de prédilection, puisqu'il y est responsable des 3/4 de la valeur ajoutée. C'est le cas surtout des produits chimiques, des produits métalliques primaires et du matériel de transport.

Avant de terminer sur ce point, je vais avancer quelques éléments de synthèse sur l'unité implicitement contenue dans ces rapports. Cette unité a trait aux formes concrètes que prend la concentration monopoliste. À cet égard, la délimitation de rapports de production monopolistes dans une branche correspond à la conjugaison d'un ensemble d'éléments *manifestant une unité notable*. Ainsi, l'ensemble des branches relevant de la propriété étrangère a manifesté, dans un rapport moyen nettement supérieur, les caractères de la concentration. L'établissement étranger est en moyenne de 35% plus productif que l'établissement canadien-anglais et de 45% de plus que l'établissement canadien-français. Pour ce qui est du groupe mitoyen, canadien-anglais, il est écartelé entre les deux formes d'exploitation de la période actuelle du stade monopoliste au Québec.

Le groupe étranger a donc le *privilège exclusif* de concentrer, sans exception, les indices supérieurs de la monopolisation. Cette supériorité sans équivoque se quantifie comme suit :

VI.   CRITÈRES DE LA CONCENTRATION
ET POSITIONS DES COUCHES ETHNIQUES DU CAPITAL

	Part de la valeur ajoutée	Productivité	Coût du travail	Taille
Groupe canadien-français	24%	73	112	16
Groupe canadien-anglais	23%	85	110	84
Groupe étranger	41%	133	89	118

Source: Raynauld, op. cit., tiré du chap. III.

À l'intérieur de chaque branche, le capital étranger atteindra des indices de productivité relativement variés et se situant au-dessus de l'indice moyen (qui est 100) dans toutes les branches, sauf quatre qui sont l'industrie des boissons (95), du bois (98), des pâtes et papier (95) et de la machinerie (94). Cette relative infériorité de l'indice de productivité de ces branches ne modifie en rien leur implantation sous la forme monopoliste. *L'établissement étranger bénéficie à tous les égards de la socialisation massive de tous ses procès de travail. Il n'existe que sous la forme de monopole*; ceux-ci ont un indice de productivité moyen de 133 mais s'échelonnent de 94 (machinerie) à 157 (aliments).

Le capital *non monopoliste*, c'est sa première caractéristique, *ne maîtrise pas, lui, l'unité* des critères de la concentration, c'est-à-dire qu'il ne recouvre pas la conjugaison de tous les critères. Le groupe canadien-anglais s'offre à cet égard comme un exemple particulièrement éloquent.

Les traits qui le caractérisent sont en effet de performance réciproque inégale. Si l'on compare chacun des indices avec ceux de la monopolisation moyenne du groupe étranger, on trouve que l'écart entre l'indice de productivité (85) et l'indice du coût du travail (110) est de vingt-cinq pour le groupe canadien-anglais alors qu'il est de 44 pour le groupe étranger. *Le groupe canadien-anglais ne réussit pas à approfondir cet écart croissant à la mesure de l'indice de la concentration* : le sien est inférieur de 19 degrés. La différence, par ailleurs, entre l'indice-coût n'étant que de 21 degrés entre les deux groupes alors que pour l'indice-productivité l'écart est de 48 degrés, on en déduira que ce qui engendre l'écart insuffisant entre les facteurs du groupe canadien-anglais dépend du retard relatif de l'indice de productivité. Le capital canadien-anglais est donc divisé par un taux de concentration inégal qui se manifeste par les formes contradictoires de la division du travail sur ces branches.

Voyons donc maintenant comment se répartissent ces couches ethniques du Capital dans l'ensemble des sphères de la production.

VII.   COUCHE ETHNIQUE PAR SECTEUR SELON LA RÉPARTITION DE LA FORCE DE TRAVAIL – 1961

CYCLES	C.F.	C.A.	ÉTR.
Capital productif			
Agriculture	6,9%	0,6%	—
Mines	0,1%	0,8%	0,6%
Fabrication	5,4%	11,8%	7,8%
Construction	3,1%	2,1%	0,8%
Transport et communications (privé)	2,7%	3,6%	0,9%
TOTAL	18,2%	18,9%	10,1%

CYCLES	C.F.	C.A.	ÉTR.
Capital improductif			
Commerce de gros et de détail[14]	7,5%	6,9%	4,3%
Institutions financières et services[15]	13,2%	11,0%	2,8%
TOTAL	20,7%	17,9%	7,1%
GRAND TOTAL	38,9%	36,8%	17,2%

Source : *Raynauld, op. cit., tiré du chap. III.*

Synthèse des divisions ethniques

Certains éléments de l'analyse sont acquis : 1) la présence des capitalistes canadiens-français et canadiens-anglais de même que la concentration de la force de travail se remarquent dans les secteurs improductifs; 2) les Canadiens français y dominent dans toutes les branches et surtout dans les services; 3) le capital étranger, c'est-à-dire américain et monopoliste est, par ailleurs, surtout présent dans les secteurs d'implantation du capital productif, soit la fabrication, les mines; le groupe canadien-anglais y est également fortement représenté : ensemble ils recouvrent 78% de la force de travail dans toute l'industrie et 93% dans les mines.

On dispose maintenant d'une vue d'ensemble assez complète de la division sociale du travail au sein de la bourgeoisie québécoise. Pourtant, cette division n'est que schématique et il reste à situer l'espace occupé par les rapports monopolistes ainsi que le *fractionnement interne de la bourgeoisie* constitué à partir des présentes contradictions et d'indices complémentaires qui seront étudiés au prochain chapitre.

Pour l'instant, vu que la bourgeoisie *résidant au Québec* occupe surtout les places de la propriété non monopoliste d'une part et de la possession monopoliste d'autre part, ces deux fonctions distinctes du Capital s'y conjuguent aux divisions entre couches ethniques de celui-ci. La propriété associée à la possession, d'une part, et le travail de «managing» seul, d'autre part, correspondent aux grandes caractéristiques des branches *sous dominance ethnique différente*. Par exemple, la branche des aliments et boissons, fortement marquée par la présence de propriétaires, appartient surtout aux Cananadiens anglais (c'est le cas des boissons surtout). Inversement, les branches dans lesquelles l'indice de la propriété est bas appartiennent aux étrangers, *i.e.* aux

---

14. Sont regroupés par Raynauld.
15. Sont regroupés par Raynauld.

Canadiens anglais et aux Américains. Ces grandes caractéristiques guideront mon analyse du contexte socio-politique des luttes québécoises et en particulier de la question nationale.

2. Définition des rapports au sein de la classe ouvrière

Le problème, en ce qui concerne l'analyse des formes de la division sociale du travail du côté de la classe ouvrière, se pose différemment. C'est comme si les formes du rapport social qu'on y observe ne pouvaient constituer *d'elles-mêmes* des signes de démarcation entre rapports monopolistes et non monopolistes. C'est, en fait, la concentration du Capital qui régit les divisions au sein du Travail. Qu'en est-il des aspects de ces divisions?

La séparation des rapports monopolistes crée, au sein du travail exploité, une dissociation entre le travail qualifié et le travail déqualifié. Pourquoi? Ce phénomène est le produit du vaste processus d'intensification de l'exploitation que commande la contradiction fondamentale du capitalisme. L'intensification de l'exploitation, c'est-à-dire l'extorsion de plus-value relative, passe par une modification interne de la division du travail ouvrier dont la déqualification est l'aspect principal. La tendance à la reproduction de cet aspect est donc à la fois un effet et une condition des rapports monopolistes. À cet égard, la présence de travail qualifié ou déqualifié dans une branche est une *coordonnée de la concentration*. Elle n'est pourtant pas discriminatoire. On y gagnera à aborder ce problème à travers l'analyse concrète.

On sait que ce qui définit le travail productif correspond au travail incorporé dans la marchandise valeur d'échange. À ce titre, certains travaux productifs «se prolongent», comme dit Marx, dans la circulation. Il n'en sont pas pour autant improductifs. Un aperçu général des tâches qui tombent dans cette catégorie peut faciliter la compréhension du problème. Dans le commerce, par exemple, le temps de travail des *commis* d'épicerie des libres services (dans la mesure où ils préparent l'étalage, emballent les marchandises) est incorporé à la valeur des produits; de même, celui des «préposés à la coupe des viandes», des «emballeurs», etc.; dans les transports, les magasiniers, déchargeurs de marchandises, conducteurs de camion, etc.; dans l'entretien de l'outillage productif, les outilleurs, matriceurs, soudeurs, conducteurs de charriots, manœuvres à l'entretien des machines[16], etc. Ces travailleurs font partie du prolétariat, puisqu'ils exécutent des travaux manuels productifs.

---

16. Relevé effectué à partir des définitions des *questionnaires* utilisés par le Ministère du Travail du Canada en vue de l'«enquête sur les taux de salaire et traitements».

Ensuite, d'autres décalages s'observent, ceux-là au sein même du procès de travail : ils sont tirés de la contradiction entre travail intellectuel et travail manuel et pour cette raison, ils *séparent* leurs supports du prolétariat. C'est ainsi que l'on range professionnels, techniciens et contremaîtres dans les rapports de domination petite-bourgeoise. Proportionnellement à tous les ouvriers, et pris seulement dans les branches de la production, ils représentent autour de 8%. On entrera plus loin dans le détail de cette distinction.

2.1. La répartition des ouvriers par secteurs et branches de la production

D'après mes appréciations, les capitalistes productifs (propriété et possession) représentent environ 4% par rapport à toute la main-d'œuvre mobilisée par ce procès, les professionnels et techniciens, environ 3%, les contremaîtres dans les 5%. Par ailleurs, s'ajoutant à la masse ouvrière de 82%, les travailleurs des transports représentent quelque 3% et les manutentionnaires, «commis aux stocks», etc. 1,7%, ce qui fait un total de 87% de travailleurs manuels productifs dans ce secteur. On est bien loin des hypothèses faisant du travail intellectuel le facteur principal dans la production des marchandises. Par contre, ceci ne réduit pas l'importance du travail intellectuel dans le procès de production. On y reviendra.

VIII.   RÉPARTITION DES OUVRIERS À TRAVERS
           LES SECTEURS PRODUCTIFS − 1961

Secteurs[17]	Proportion par rapport aux ouvriers	
	- Total	%
Agriculture	20 540	3,3%
Forestage...	29 091	4,6%
Pêche et trappage...	1 259	,2%
Mines, carrières...	13 180	2,1%
Construction	25 541	4,1%
Fabrication	520 715	83,0%
TOTAL	610 326[18]	100,0%

Source : B.F.S., 94-514 et 94-531. − 1961

---

17. Des travailleurs manuels productifs se trouvent encore dans les branches de l'électricité, gaz et eau, du transport, de l'entreposage et des communications; ils n'ont pu être distribués ici mais on sait qu'ils représentent globalement environ 5% de plus.
18. Si, comme on le dit plus haut, les ouvriers des transports représentent à eux seuls environ 3%, ce total approximatif serait alors 18 309. La masse totale des ouvriers serait d'environ 628 635. Par prudence, on se bornera à cette majoration.

Si on ne dispose pas d'une répartition exacte des ouvriers à l'intérieur de la circulation, on peut du moins ventiler ceux qui se trouvent dans les secteurs productifs.

Le tableau de la page précédente donne une vue d'ensemble de la distribution des ouvriers, mais il ne fait qu'indiquer la nécessité d'avancer dans la question des rapports sociaux se conjuguant à chaque sphère. Ici, on voit l'importance de situer chacune des branches industrielles.

Auparavant, on devrait se rappeler que seules les mines avaient indiqué, au point précédent, l'absence marquée d'agents recensés comme propriétaires. Tous les autres secteurs de l'extraction faisaient ressortir la présence de ceux-ci[19]. Au contraire, les branches de la fabrication variaient face à cet indice. Voyons cette fois les formes de l'intensification de l'exploitation au sein du prolétariat industriel.

2.2. L'intensification de l'exploitation

On a exposé dans le précédent chapitre comment les formes concrètes de l'intensification sont directement liées à la reproduction élargie du capital. Ces formes ont *tendance à correspondre*, selon moi, au procès de déqualification du travail ouvrier. Ceci revient à dire que la proportion relative de *travail déqualifié* tend à s'élargir, au stade actuel, comme *support matériel et social d'une exploitation de plus en plus intensive*. Les conditions de l'intensification affectent donc directement les formes de la division sociale du travail au sein de la classe ouvrière. La ligne de démarcation du rapport travail qualifié/déqualifié se rattache par conséquent aux contradictions posées par le capitalisme actuel.

Cependant, comme la proportion de travail ouvrier dans chaque procès de production constitue *un facteur* de la division sociale relié à d'autres, il est opportun d'en tenir compte. On commencera par distinguer la relation travail ouvrier de qualification/déqualification. Dans les rapports monopolistes, d'une part, le travail déqualifié se multiplie du côté du travail manuel subordonné ; d'autre part, le travail qualifié est le pendant de cette extension de l'autre côté, *i.e.* dans une domination relative. La concentration du capital semble porter ses effets sur chaque aspect des contradictions de la division sociale.

À ce propos, il sera intéressant d'exposer, un peu plus loin, dans l'analyse des rapports improductifs, les tendances internes propres à la domina-

---

19. On se rappelle aussi l'absence quasi totale d'administrateurs dans l'agriculture : le B.F.S. y indique un total de 333 directeurs dans sa brochure 94-531, tab. 15, p. 2.

tion et à la direction subalterne des procès productifs. Quoiqu'il en soit, ce que l'on peut observer dès maintenant, c'est que la proportion de tous les rapports de domination dans une branche industrielle ne correspond pas à une répartition équivalente du travail ouvrier dans la même branche. Ainsi, l'industrie des appareils électriques contient au Québec 10% de tous les agents du côté des rapports de domination de l'industrie, capitalistes y compris, et seulement 1,5% des ouvriers. Inversement, la bonneterie contient 8,7% d'ouvriers et seulement 1% des capitalistes et de leurs délégués.

Ce constat, assez surprenant, trouve d'abord son explication en rapport avec les caractères internes spécifiques des rapports de domination dans ces branches. On y viendra dans l'analyse de la petite-bourgeoisie. Mais pour l'instant, on remarquera que la répartition des ouvriers, d'une part, en comparaison avec celle de la domination, d'autre part, suit un tracé complexe et significatif. Trois regroupements s'effectuent :

1) Il y a des branches dans lesquelles l'importance de chaque ensemble s'équivaut ; ce sont les aliments et boissons avec 10% de chaque ensemble par rapport au total ; les produits métalliques, 6%, les métaux primaires, 5,5%, les produits minéraux non métalliques, 3% et le caoutchouc, 1%. Ces branches se trouvent, quant à la concentration, dans une sorte de position intermédiaire. 2) Ensuite, viennent le tabac, la bonneterie, le meuble, le cuir, le bois, le textile, le papier et le vêtement qui concentrent 51% de toute la force de travail de l'industrie manufacturière pour un équivalent de seulement 28% d'agents des rapports de domination. Il ne serait pas aventureux de supposer qu'une concentration *relative* d'ouvriers correspond à la présence d'une part importante d'entreprises peu socialisées. 3) Enfin, contrairement à ces branches, les sept industries qui restent concentrent relativement moins d'ouvriers, soit 21,4% pour un équivalent total de 42% des agents de la domination : il s'agit de l'imprimerie et de l'édition, de la machinerie, du matériel de transport, des appareils électriques, du pétrole, des produits divers et des produits chimiques. Ce dernier regroupement indique que ces branches ont développé les conditions de l'extorsion de plus-value relative dont la présence de professionnels et de techniciens est un indice important. Si l'on sait, abstraitement, que le travail scientifique sert à réduire les coûts de production, on verra comment s'exprime ce processus dans le concret. Que l'on retienne pour l'instant que la distribution relative de la force ouvrière et des autres rapports par branche constitue une coordonnée des formes dominantes de la division sociale du travail.

2.3. La tendance à la déqualification et l'intensification

Voyons maintenant la question du travail qualifié/déqualifié à l'intérieur de ce contexte. Tout d'abord quelques mises en garde. Dans l'ensemble de cette recherche, la définition du travail qualifié et du travail déqualifié a peut-être représenté la tâche la plus délicate et la plus insatisfaisante. La raison repose dans la nature descriptive de la classification officielle. Il se trouve donc sûrement un très grand nombre d'erreurs impossibles à détecter et à éviter. Les difficultés ont été de deux ordres. Tout d'abord, il s'est avéré impossible de distribuer ces divisions en tenant compte des branches d'une manière rigoureuse, puisque les travaux productifs sont recensés par métiers. Dégager le travail déqualifié demande de faire référence à la définition de la tâche alors que celle-ci n'est pas distribuée par branche. La nature des métiers s'approche parfois de la spécialisation de la branche, c'est le seul critère qui autorise à faire un recoupement. Une fois ceux-ci faits, il ne sera pas possible d'expliquer la dominance du travail qualifié dans certaines branches : est-ce la nature des produits, est-ce une condition technique, est-ce la faiblesse de la classification? Il est impossible de répondre à ces questions autrement que par des déductions sommaires. Cependant, ces cas étant minoritaires, ils n'invalident pas l'ensemble des résultats.

Comment la classification a-t-elle été opérée? Disons d'abord que les catégories du Recensement contiennent certaines définitions dont le statut est plus qu'imprécis. Ce sont, par exemple, «les travailleurs du traitement du lait ou encore de l'électricité ou de l'argile...», les «autres travailleurs du caoutchouc..., de la fabrication du papier», ou encore les «conducteurs de presse, de four, de machines à bois [sic], de treuil, etc.». À ceux-ci s'ajoutent les «manœuvres» et quelques autres métiers des plus courants, tels les «couseurs, opérateurs, tisseurs, etc.». Ces travaux tombent, selon moi, dans le camp du travail déqualifié. Les autres travaux se trouvent du côté du travail qualifié.

IX. RÉPARTITION DU TRAVAIL QUALIFIÉ ET DÉQUALIFIÉ PRODUCTIF[20] — 1961 (dans l'ordre décroissant de la déqualification)

Branches	Qualifié		Déqualifié	
	Total	%	Total	%
Industrie chimique et pâtes et papier	2 834	15%	15 606	84%
Cuir	2 175	18%	9 774	81%
Caoutchouc	591	19%	2 514	80%

20. Pour consulter la classification utilisée voir la thèse soutenue à l'Université de Paris VIII, et déposée au Centre de Documentation de l'Université du Québec à Montréal, 1975, p. 430 et suiv.: «Contribution à l'analyse des classes sociales du capitalisme actuel: un cas, le Québec».
A noter que certaines branches ont échappé dans ce tableau à la classification telles le forestage, les pêcheries, etc.

Branches	Qualifié		Déqualifié	
	Total	%	Total	%
Textiles, bonneterie et vêtement	24 313	29%	56 810	70%
Produits minéraux non métalliques	1 325	32%	2 770	67%
Métaux primaires	4 026	38%	6 425	61%
Aliments et boissons	14 477	57%	25 344	43%
Imprimerie et édition	7 227	65%	3 782	35%
Produits métalliques et mat. de transport	63 139	71%	25 131	28%
Bois et meuble	41 548	78%	11 507	21%
Électricité	28 874	90%	2 968	9%
Autres industries	8 254	11%	64 012	89%

Source : B.F.S. cat. 94-514, tab. 20.

En observant ce tableau, on voit que c'est surtout du côté de la répartition du travail qualifié que se présentent les difficultés d'interprétation. L'imprimerie et l'édition de même que la production électrique sont des branches dont la part d'ouvriers qualifiés et déqualifiés réunis par rapport à la proportion établie dans les rapports de domination était déjà faible. Il semble donc qu'il s'agisse de branches aux traits particuliers dans lesquelles la *qualification prévaut de tous les côtés*. Les travaux des industries des produits métalliques et du matériel de transport adoptent une tendance identique. Or, si l'on consulte le *Manuel de classification type des activités économiques*[21], on apprend que ces industries recouvrent aussi bien des entreprises d'emboutissage, de quincaillerie, d'outillage ou de coutellerie que de fabrication de machines, de véhicules automobiles, d'avions, etc.

Les statistiques ne permettent pas de distinguer la part des établissements de chaque type au sein des branches. Il faudra donc se contenter de supposer qu'il s'agit de travaux qualifiés liés aux caractères contradictoires des procès que contiennent ces branches. Certes, l'explication est pauvre. Inversement, dans le cas du cuir, la proportion du travail qualifié semble trop mince pour une branche dans laquelle l'intensification du procès n'a pas atteint un degré très élevé. C'est que dans ce cas particulier, la définition du travail qualifié et déqualifié doit affecter une plus grande mesure de distorsion.

---

21. B.F.S., 1970, p. 32 à 34 incl.

Cependant, pour toutes les autres branches, les résultats sont probants et ils indiquent une correlation entre le processus de socialisation des branches et les tendances de la division sociale au sein du travail ouvrier. Mais il demeure que les diverses sources d'information dont on dispose ne répondent pas à toutes nos questions. La combinaison des divisions selon l'appartenance aux couches ethniques du Capital, et selon le travail qualifié/déqualifié ne se trouve nulle part.

Seule *l'unité* des diverses formes de la division sociale du travail étudiées dans ce chapitre permettra de conclure au sujet des couches du prolétariat. Cette synthèse sera effectuée au prochain chapitre.

Avant de clore sur ce point, il serait sans doute utile de savoir quelle est la proportion (pour chaque branche) de la force de travail productive qui relève de chaque couche ethnique du Capital[22].

Le travail ouvrier s'articule aux couches du Capital de la manière suivante :

X. RÉPARTITION DE LA FORCE DE TRAVAIL PRODUCTIVE PAR COUCHE ETHNIQUE DU CAPITAL — 1961

Capital productif	C.F.	C.A.	ÉTR.
Agriculture	91,3%	8,7%	—
Mines	6,5%	53,1%	40,4%
Fabrication	21,8%	46,9%	31,3%
Construction	50,7%	35,2%	14,1%
Transports et communications (privé)	37,5%	49,4%	13,1%
Moyenne	41,5%	38,6%	19,7%

Source : Raynauld, op. cit., tiré du ch. I; la non correspondance de certaines moyennes provient du fait que les critères de répartition de ces secteurs ne sont pas toujours les mêmes suivant les sources.

3. Définition des rapports au sein de la petite propriété non capitaliste

Les places de la petite production marchande simple, à l'intérieur de la division sociale actuelle, sont de plus en plus réduites. Les petits producteurs réussissent difficilement la plus simple reproduction de leur capital ini-

---

22. À noter que cette répartition est différente de celle qui est présentée à la page 88 dans la mesure où celle-ci s'effectue au sein de chaque branche seulement et non par rapport à toute la force de travail.

tial et tombent sous l'emprise des rapports capitalistes. En même temps, et c'est l'autre aspect de ce mouvement, le salaire s'étend à toutes les formes de rendement du travail et absorbe dans ce processus des agents qui auparavant s'en trouvaient séparés. C'est le cas d'une masse croissante de petits producteurs et propriétaires indépendants.

La situation objective de toute la petite-bourgeoisie est contradictoire. De même se trouve celle des rapports de production dominés au sein du capitalisme actuel comme la petite production marchande simple. Les aspects idéologiques de la pratique de classe des agents qui occupent ces places sont remarquables : leur relative indépendance économique ou du moins leurs prétentions d'autonomie économique se manifestent surtout par un individualisme caractéristique. L'autonomie d'une part et la dépendance d'autre part sont des *aspects constitutifs* de la classe à laquelle appartiennent les petits propriétaires ou producteurs à leur propre compte. Comme dans la sociologie politique actuelle, l'ensemble de ces traits et leur assimilation aux caractères organiques de la classe petite-bourgeoise ne font pas l'objet d'un débat, l'exposé sera plus bref. Il suffira de dégager la nature et l'étendue des principaux travaux réalisés, au Québec, à l'intérieur de ces rapports dominés par les formes proprement capitalistes.

La situation de la petite propriété a largement évolué au cours des deux décennies qui ont précédé le Recensement utilisé dans la présente étude. Cependant je m'en tiendrai là. Si l'on compare entre les années 1940 et 1960 la proportion d'ensemble des salariés et des agents à leur «propre compte», on trouve les différences suivantes :

XI. ÉVOLUTION DES RAPPORTS SALARIÉS ET DES RAPPORTS DE PROPRIÉTÉ ENTRE 1941-1961

Année	Salariés	Propre compte[2][3]
1941	68,8%	20,0%
1951	79,0%	16,2%
1961	85,0%	12,4%

Source : B.F.S., 94-551, tab. 7.

Dans cette diminution progressive de la propriété, il serait important de noter les couches les plus atteintes. Les agriculteurs à leur propre compte

---

23. À noter que proportion ne fait pas la distinction entre propriété capitaliste et petite propriété.

passent, entre 1951 et 1961 de 80 à 75,7%, les pêcheurs, etc., de 80,6 à 68,1%, les mineurs, de 2,1 à 0,6%, les artisans de 6,8 à 5,7%. Enfin, les professionnels indépendants passent de 11 à 8,9%[24].

3.1. La répartition actuelle de la petite propriété et ses couches

Voici la répartition des petits propriétaires en 1961 :

XII.   DISTRIBUTION DE LA PETITE PROPRIÉTÉ – 1961

Couches	Masse	Proportion
Professionnels		
— santé et juristes	9 289	
— autres professionnels et techniciens	6 133	
— professions non déclarées	1 462	
TOTAL	16 884	100 %
Producteurs et travailleurs indépendants		
— agriculteurs	75 934	57 %
— bûcherons...	656	0,5 %
— pêcheurs...	1 461	1,1 %
— mineurs	119	0,09%
— artisans	23 627	15 %
— transports	10 372	7 %
— manœuvres	390	0,2 %
— employés de bureau	699	0,5 %
— vendeurs	5 945	4,5 %
— travailleurs des services	12 224	9 %
TOTAL	131 497	100 %

Source : B.F.S., 94-514.

Par rapport à tous les petits producteurs-propriétaires, les travailleurs à leur propre compte dans l'agriculture (c'est-à-dire les petits et les moyens paysans) représentent le nombre le plus important, soit 57%. Ensuite viennent les artisans (15%), les travailleurs des services et des activités récréatives (9%) puis les travailleurs des transports (6%) et enfin, les vendeurs à leur pro-

---

24. Tiré de Sylvia Ostry, «The Occupational Composition of Canadian Labour Force, 1961», *Census Monograph.*

pre compte (4,5%). Face à l'ensemble de toutes les couches de la division sociale du travail, la petite propriété constituait, en 1961, comme on le verra plus loin, autour de 5%.

En regardant plus attentivement la composition que l'on vient de décrire, trois couches se détachent plus particulièrement. On isolera d'abord les professionnels étant donné le poids qualitatif du travail intellectuel au sein de ces rapports. Parmi eux, les spécialistes de la santé et les juristes offrent un taux de propriété qui est plus élevé, soit 25%[25]. On sait qu'il s'agit là d'un signe pertinent de la légitimité du savoir, puisque les rapports juridiques viennent séparer ces petits propriétaires de tous les autres et consolide cette domination par degré supérieur de rémunération. C'est ainsi que l'articulation d'un ensemble de facteurs historiques accorde aux médecins et aux juristes une place nettement privilégiée au sein de la petite-bourgeoisie traditionnelle. Par leur niveau de revenu, ils se séparent de cette fraction et se joignent, au sommet de la petite-bourgeoisie, à tous les autres professionnels et salariés rangés à la frange des rapports de domination du Capital.

Par ricochet, il est à noter que la caution économique liée à la légitimation de leur savoir leur donne théoriquement accès à la propriété juridique capitaliste par l'acquisition d'actions. Ils se trouvent véritablement à la frange entre petite-bourgeoisie et bourgeoisie.

La deuxième couche est composée de la petite propriété agricole, artisanale[26] et commerciale. Enfin, les travailleurs indépendants qui sont manœuvres, employés de bureau ou dans les services, sans représenter une fraction, seront notés à part à cause de la précarité extrême de leurs ressources. Ils seront les plus menacés par la *salarisation*.

Parmi ces deux dernières couches, les petits propriétaires représentent environ 78% dans l'agriculture. Les autres, travailleurs forestiers, bûcherons, pêcheurs, mineurs, manœuvres indépendants, etc., seulement 20%; il est intéressant de noter que près des deux tiers des *femmes* appartenant à la petite-bourgeoisie traditionnelle sont des travailleurs des services à leur propre compte (cuisinière, barmaid, etc.). Bref, tous les rapports de propriété non capitaliste (à l'exception des professionnels) représentent environ 10% de la main-d'œuvre totale et contiennent 8% de femmes dont près des deux tiers tombent dans la couche inférieure des travailleurs indépendants conservant pour seule propriété leur capacité de travailler.

---

25. Comprend les petits propriétaires des transports productifs.
26. En effet, il y a 9 289 professionnels de la santé et juristes à leur propre compte sur un total recensé de 36 258.

3.2. La distribution des agents de la production familiale

Les statistiques bourgeoises considèrent évidemment que le travail des mères au foyer est «inactif»...! On est à même de se demander comment une telle aberration est possible d'autant plus que le travail familial et domestique sert au capitaliste en tant que travail gratuit. Quoi qu'il en soit, au Québec, près de la moitié de la population (44%) en âge de travailler est ligotée à cette tâche[27], 72% des femmes sont assignées exclusivement à la production ménagère[28] ; de plus, 85% des femmes dont les enfants ont moins de 14 ans restent à la maison. Les autres, soit 28%, sont directement intégrées à la production sociale[29] : parmi celles-là, celles qui sont mariées accomplissent donc un double travail puisqu'elles assument le principal fardeau des tâches familiales en plus de travailler à l'extérieur du foyer.

Le travail familial, s'il sépare les femmes du travail social salarié, les met dans une situation objective relativement proche de celle des petits propriétaires. Cependant, dans leur cas, le problème est plus complexe du fait que le mari est le réel propriétaire de procès de production domestique en même temps que le consommateur principal. Comme on l'a vu, c'est toute la famille qui définit ce rapport de production. Cependant, ce rapport, de type patriarcal, se trouve, comme la petite production marchande simple, *dominé par les rapports capitalistes*. À ce titre, ses agents ne peuvent appartenir ni à la bourgeoisie ni au prolétariat. Je les ai rangés dans la petite-bourgeoisie traditionnelle à cause de leur parenté avec les rapports des petits propriétaires-producteurs.

Ainsi, la production familiale vient décupler l'importance *quantitative* de la petite-bourgeoisie traditionnelle. Cependant, il faut reconnaître que ce poids est relativisé par la place objective du mari. En effet, à cause de la nature des liens matrimoniaux et en particulier de la dominance de l'idéologique dans l'exploitation des femmes au foyer, l'appartenance de classe du mari joue un rôle, quoique secondaire. C'est d'abord la *production familiale* qui assigne les épouses et les mères de famille aux places de la petite-bourgeoisie traditionelle. *En second lieu,* la subordination idéologique et politique de l'épouse au mari fléchit sa situation objective dans le sens de l'appartenance de classe du mari. Les ménagères de la petite-bourgeoisie traditionnelle se partagent en couches qui correspondent à la classe de leur mari. On trouvera

---

27. Dans cette proportion, il est clair qu'un nombre indéfinissable de femmes sont en chômage ou célibataires.
28. Tiré du BFS, cat. 94-502, tab. 5, p. 5-9.
29. Dans leur cas, c'est la place occupée dans la production sociale qui définit l'appartenance de classe. On étudiera chacun de ces cas au chapitre III.

des ménagères de la petite-bourgeoisie traditionnelle épouses d'ouvriers, épouses de petits-bourgeois manuels et d'intellectuels, et de bourgeois. Ces dernières représentent 10,8% des femmes au foyer et je les range dans la bourgeoisie du fait qu'on sait très bien que ce qui caractérise la fonction des femmes des capitalistes, c'est la reproduction idéologique d'agents de la bourgeoisie. *Les épouses de bourgeois ne sont pas des ménagères.* On est autorisé à les ranger dans la classe du mari parce que leur occupation principale est rigoureusement contenue dans les rapports idéologiques.

D'après les sources[30], environ 49% des femmes sont mariées à des ouvriers, 19% à des employés manuels, 12% à des travailleurs intellectuels. Que tirer de cette répartition? Que plus de la moitié des mariages contractuels associent indirectement (aspects seconds de leur détermination) les femmes aux couches sociales les plus exploitées. La composition interne de cet ensemble de la petite-bourgeoisie traditionnelle contient donc une couche importante située aux *abords* de la classe ouvrière. On reviendra longuement sur la division sexuelle du travail en voyant la situation d'ensemble des femmes dans les rapports de classe au prochain chapitre.

4. La définition des rapports parmi les salariés séparés du Capital et du Travail

Pour comprendre l'ordre des distributions de cet ensemble, il faut se rappeler quels ont été les principaux postulats théoriques. On pourrait les résumer ainsi: a) l'opposition entre Capital et Travail se traduit par une division sociale importante entre travail productif et improductif; b) soustrait au rapport principal Capital-Travail, la détermination économique du travail improductif est de recevoir des aspects structurels contradictoires telle l'opposition idéologique entre travail intellectuel et travail manuel; c) ainsi, le travail intellectuel se forme en support de rapports de domination et se combine aux formes de la division au sein du travail improductif.

De ces postulats il découle que:

1) La rencontre de ces formes contradictoires sur les mêmes *rapports de circulation* coïncide avec le caractère intrinsèque de la petite-bourgeoisie: caractérisée par la non-production de marchandises capitalistes et par des rapports internes contradictoires;

2) par ailleurs, dans le procès productif de marchandises, le travail intellectuel ou les rapports de domination (surveillance des procès de travail) séparent les contremaîtres, professionnels et techniciens productifs du prolétariat ou de la classe ouvrière. — C'est pourquoi on aura, comme formes de la

---

30. B.F.S., 93-520, p. 12.

division sociale du travail, les couches du travail improductif d'une part et les rapports de domination au sein du travail productif d'autre part.

Pour démontrer le bien-fondé théorique de cette classification, on commencera par se référer à quelques définitions du Bureau de la Statistique du Québec. D'abord les professionnels: «Les employés appartenant à ce groupe font de la recherche et appliquent des connaissances scientifiques *pour résoudre des problèmes divers d'ordre technique, économique, social et industriel...* Ils peuvent superviser ou coordonner le travail de techniciens ou de quelques professionnels[31].» Ces travailleurs ont donc *par définition,* un statut qui leur permet de superviser le travail des autres.

4.1. Définitions

Voici comment le ministère du Travail expose certaines formes de la division sociale du travail. «Ingénieur chimiste: met au point les installations d'une usine de produits chimiques et les procédés de fabrication... fait des recherches en vue d'améliorer les méthodes de fabrication...», «ingénieur industriel: accomplit diverses tâches... relativement à l'utilisation du personnel et des facilités de production... prépare et surveille les programmes d'étude des tâches... afin d'assurer la meilleure utilisation possible de la main-d'œuvre... met au point et surveille les systèmes de contrôle de la qualité et du rendement...», «économiste: fait des études, effectue des recherches, rédige des rapports et formule des plans en vue de résoudre les problèmes écnomiques que posent la production et la distribution des biens et des services...»

Ces agents sont donc les délégués directs du Capital du fait qu'ils assurent l'amélioration des conditions de l'exploitation. Ils peuvent aussi remplir les fonctions du Capital si leur niveau de responsabilité est élevé à celui de la direction. Ce phénomène peut se produire aussi du fait que leur formation générale les associe au savoir de classe.

Vient ensuite un niveau de professionnels qui «accomplissent des travaux courants demandant l'application de techniques relativement simples. Ces employés peuvent être assistés dans leur travail par quelques techniciens ou autre personnel de soutien[32]». Voici des exemples: «infirmière diplômée: assiste les médecins et exécute diverses autres tâches..., administre des médicaments..., applique d'autres traitements», «professeur: dispense un enseignement..., prépare le programme d'études..., donne une formation technique aux travailleurs d'une entreprise», «travailleur social: aplanit ou prévient

---

31.   «Instructions sur la manière de...», *op. cit.*, p. 7; [c'est moi qui souligne].
32.   *Ibid.*

les difficultés d'ordre social ou personnel... en donnant à ceux-ci des conseils...».

Contrairement aux précédents, ces professionnels appartiennent *exclusivement* à l'instance subordonnée de la direction. Cependant, si d'une part, ils exécutent des travaux, d'autre part *ils le font dans le cadre de la séparation entre travail intellectuel et travail manuel.* Ce niveau ferait, si l'on veut, la différence entre l'ingénieur chimiste et le chimiste. — À ces travaux subordonnés de la direction des procès de travail se joignent quelques technologues, techniciens et contremaîtres:

«Le technicien exécute des travaux... généralement sous la direction ou la surveillance de spécialistes qualifiés..., exclure de cette catégorie les ouvriers spécialisés...»; «le technologue crée le lien entre l'ingénieur ou le scientifique et le technicien»; «le vérificateur exécute des tests en laboratoire...[33]; le contremaître surveille et coordonne les activités des employés[34].»

Ce dernier ensemble de travaux correspondrait, selon mes sources, à des degrés de responsabilité: a) le premier qui «reçoit ses directives d'un surintendant ou d'un professionnel. Il peut assumer la responsabilité de la préparation et de la conduite de projets complets d'envergure limitée..., peut être assisté de techniciens, technologues ou vérificateurs»; b) le second «accomplit des travaux courants sous surveillance étroite..., son travail est toujours vérifié[35]». Ces travailleurs se divisent donc les uns selon qu'ils ont pour tâche de maintenir certaines conditions des procès de travail; les autres selon qu'ils ne font qu'exécuter des tâches commandées par les précédents.

Dans la mesure où ces derniers travaux comprennent une part «d'application de techniques courantes», ils reproduisent le travail manuel au sein du travail intellectuel. À ce titre, ils illustrent pertinemment bien les contradictions internes parmi la petite-bourgeoisie. Le but ici est de montrer que la division sociale entraîne entre les mêmes travaux des rapports relativement contradictoires. En résumé, ces divisions s'articulent comme suit:

Professionnels: appartenance à deux classes distinctes a) instance dirigeante du Capital: c'est-à-dire direction associée à celle du procès de production et/ou de travail: *bourgeoisie*; b) instance subordonnée séparée du Capital; réalisation indirecte de l'exploitation: *petite-bourgeoisie*;
Technologues, techniciens et contremaîtres: appartenance à plusieurs couches de la petite-bourgeoisie: a) domination séparée du Capital: réalisation di-

---

33. «Questionnaire sur l'emploi», *op. cit.*, p. 4-1, 2, 3.
34. *Ibid.*, p. 44.
35. «Instructions sur...», *op. cit.*, p. 9.

recte ou indirecte de l'exploitation; couche supérieure de la petite-bourgeoisie; b) subordination, stricte exécution et domination idéologique sur le travail manuel: couche moyenne de la petite-bourgeoisie.

Après les professionnels et techniciens, on trouve, au sein du travail intellectuel, les employés de bureau. Il faut tout de suite dire que cet ensemble est simultanément marqué par certaines formes opposées du travail manuel, ce qui lui confère en quelque sorte un titre d'*exemplarité* parmi la petite-bourgeoisie salariée. Dans cet ensemble, on trouvera d'abord des travaux se rangeant du même côté que certains technologues et techniciens tels les programmeurs, opérateurs d'ordinateur, etc. Ensuite, une masse très importante de travailleurs accomplissent des tâches sous surveillance immédiate dont les caractères propres les séparent en trois couches: a) le travail intellectuel subordonné; b) les travaux intermédiaires; c) les travaux manuels. C'est dans l'analyse concrète que ces couches illustrent le mieux la signification ici proposée.

Je crois très important de dégager pour l'instant *qu'il n'y a pas d'uniformité dans les rapprots sociaux du côté du travail intellectuel*. On trouvera *dans les mêmes travaux,* à la fois des tâches faisant appel à l'initiative du travailleur et des tâches répétitives. C'est la division sociale du travail, aux ramifications des plus complexes, qui assignera une place à chacun de ces rapports. Les contradictions repérées portent donc à la fois au sein des ensembles et entre eux.

Quant à tous les autres travaux improductifs, ils tomberont sous l'une ou l'autre des trois dernières tendances du travail de bureau. En effet, pour des raisons déjà énoncées, les contradictions caractérisant ces places ont été présentées comme exemplaires pour les rapprots salariés improductifs.

4.2. Tendances de la classification des travaux de la petite-bourgeoisie salariée

Même si une énumération paraîtra fastidieuse, elle me semble nécessaire afin d'expliciter l'usage fait des sources et la composition interne de chacune des couches formées par l'action de la division capitaliste du travail[36].

Dans les rapports de *domination-direction subalterne du travail*[37], se notent les professions suivantes: ingénieurs professionnels, vétérinaires,

---

36. Mise en garde: cette énumération empirique se veut indicatrice des divisions auxquelles je me réfère en parlant du travail intellectuel/travail manuel improductif. *Elle ne constitue pas l'analyse des rapports sociaux* mais simplement une sorte de *canevas* pour ceux-ci.
37. Couche ayant aussi théoriquement accès aux places du Capital, selon le cas.

médecins et chirurgiens, dentistes, physiothérapeutes et ergothérapeutes, optométristes, ostéopathes et chiropraticiens, pharmaciens, juges et magistrats, avocats et notaires, ministres et prêtres, architectes, économistes.

Formant une couche complètement séparée du Capital et exerçant des pouvoirs de domination idéologique sur toute la classe petite-bourgeoise se trouvent les professions de niveau second[38] :

Spécialistes des sciences physiques, biologistes et spécialistes des sciences agricoles, personnel enseignant, infirmiers diplômés, autres spécialistes de la santé, religieux, assistants du culte, artistes et professeurs d'art, écrivains, rédacteurs, journalistes, musiciens et professeurs de musique, arpenteurs, actuaires et statisticiens, programmateurs de calculatrices, comptables et vérificateurs, diététiciens, assistants sociaux, bibliothécaires, photographes, autres professions libérales, etc.

Voici maintenant les *technologues, techniciens, agents de certains rapports d'autorité* ainsi que les techniciens confinés à des *travaux d'exécution:* courtiers et négociants en valeurs, agents et estimateurs, policiers et détectives, officiers, gradés des «forces armées», officiers de navigation, officiers mécaniciens, techniciens des soins médicaux et dentaires, dessinateurs publicitaires, décorateurs-ensembliers et étalagistes, techniciens scientifiques et autres, assistants des bureaux de médecin et de dentiste, voyageurs de commerce, publicitaires, agents et vendeurs d'assurance, agents et vendeurs d'immeubles, assistants infirmiers et aide-finfirmiers, opérateurs d'appareils de radio et de télévision, etc.

Après ces travaux de tout rang, unis à des degrés divers dans les rapports de domination du côté du travail intellectuel, se trouve une couche dont l'appartenance n'est pas encore nette. Le rangement de ces travaux sous le qualificatif d'«*intermédiaires*» est inapproprié. Sous l'effet ponctuel des rapports sociaux, ils se rangent d'un côté ou de l'autre. Cependant, il faudra les connaître davantage avant d'indiquer leur *tendance* principale. Les rapports juridiques serviront à cette fin dans le prochain chapitre. Pour l'instant, il est utile d'avoir un aperçu des travaux désignés comme doublement polarisés: teneurs de livres et caissiers, sténographes, employés de bureau non classés ailleurs, autres vendeurs, tenanciers de chambre et pensions, stewards, travailleurs des services non classés ailleurs, etc.

---

38. Comprend des productifs et des improductifs : on y reviendra.

Enfin, les *travaux manuels improductifs* au sujet desquels les analyses sont souvent restées à un niveau général. Il me faut rappeler que la liste ci-dessous a pour seul but, dans un premier temps, de fournir une idée des nombreux travaux que la *division sociale du travail sépare à la fois du travail productif et du travail intellectuel.*

Ce sont les mécanographes, commis aux bagages et messageries, agents (billets, messagerie), dactylographes et commis-dactylographes, vendeurs à l'enchère, solliciteurs et autres vendeurs à domicile, colporteurs et camelots, vendeurs de journaux, pompistes (postes d'essence), pompiers, gardiens, veilleurs, cuisiniers, barmen, garçons de table, porteurs de bagages et pullman, gardiens d'enfants, aides-cuisiniers et assimilés, barbiers, coiffeurs, manucures, blanchisseurs, dégraisseurs, garçons d'ascenseur, concierge et nettoyeurs d'immeubles, entrepreneurs de pompes, embaumeurs, guides, gardiens des lieux de récréation, matelots de pont, mécaniciens, chauffeurs, graisseurs, conducteurs d'autobus, conducteurs de taxis et chauffeurs, livreurs-vendeurs, conducteurs de tramways, charretiers, téléphonistes, télégraphistes, facteurs et postiers, messagers, etc.

4.3. Distribution des agents selon les rapports de domination/subordination

La distribution quantitative de ces couches s'effectue au Québec de la manière suivante:

XIII.   DIVISION SOCIALE SELON LES RAPPORTS DE DOMINATION/SUBORDINATION DANS LA NOUVELLE PETITE-BOURGEOISIE – 1961

	H	F	T	%
Professionnels partagés entre l'instance dirigeante et l'instance subalterne	22 724	998	23 722	3,7
Professionnels de l'instance subalterne	47 422	71 823	119 245	19
Techniciens et contre-maîtres — rapports de domination (autorité et/ou exécution)	72 748	17 120	89 868[39]	14
Travaux intermédiaires	74 665	103 591	178 256	28

---

39. Comprend quelque 16 794 techniciens des soins dentaires, dessinateurs, tirés de la catégorie officielle «professionnels».

	H	F	T	%
Travaux manuels — rapports de subordination	113 768	99 927	213 695	34
TOTAL	331 327	293 459	624 786	100

Source: B.F.S., 94-514, salariés seulement.

La précédente distribution ne correspond pas, bien entendu, à des castes étanches. Au contraire, les travaux qui constituent chacune de ces couches se déplacent, et les frontières que j'ai posées ne sont qu'indicatrices. Le mouvement social est lutte de classes; celle-ci se greffe sur des contradictions déjà existantes: le résultat se forme en un tableau complexe et mobile. Mon objectif est de dégager les champs de divisions entre les travaux improductifs. S'observent, par exemple, 1) des contradictions tendancielles entre certains paliers de techniciens subordonnés et les professionnels jouissant de rapports d'autorité. Ce mouvement amènera certains techniciens à passer dans le camp des professionnels et inversement[40] ; 2) à l'échelon inférieur, les travaux intermédiaires se trouvent dans une mobilité relative allant vers le haut ou vers le bas suivant les données sociales des procès de travail dans lesquels ils s'insèrent; 3) quant aux décalages entre travaux de type «junior, intermédiaire et senior» introduits par la classification bourgeoise, ils ne correspondent pas à la division sociale, car, par exemple, une dactylographe «junior» exécute un travail manuel alors qu'un employé «junior» de comptabilité est affecté à des tâches techniques relevant du travail intellectuel. De plus, ces employés de bureau, quoique séparés d'une part du travailleur collectif, sont polarisés d'autre part, les uns vers le travail manuel, les autres vers le travail intellectuel.

Pourtant, cela a été longuement exposé précédemment, le stade est le principal agent de démarcation des rapports sociaux actuels. Malheureusement, la répartition par secteurs d'emploi ne fournit pas les bases de distinction entre *rapports monopolistes et non monopolistes*. Seules des approximations assez générales sont possibles.

Quant aux agents des secteurs de la circulation, on peut dire qu'une part d'environ 37% correspond aux employés de bureau, 31% aux travailleurs des services et 15% aux employés du commerce[41].

---

40. Voir la note 39.
41. Obtenu à partir de B.F.S., 94-514, 1961.

4.4. Les formes des rapports de domination dans la production comme indice de la concentration

L'espace occupé par le travail intellectuel dans les branches productives, par ailleurs, représente un indice de la division sociale entre les branches. Si l'on regarde les professionnels, deux tiers d'entre eux apparaissent comme directement affectés à des travaux incorporés dans les marchandises. Cependant, par rapport à toutes les instances du travail contribuant à la production, ils ne représentent que 3,6%. En fait, les professionnels productifs sont relativement peu nombreux dans le procès de production mais leur importance est d'ordre qualitatif. Elle relève des *transformations internes* des rapports capitalistes du stade actuel.

Comme pour l'analyse du rapport proportion d'ouvriers/proportion d'agents des rapports de domination par branche, les traits de la répartition des professionnels, des contremaîtres et des agents du Capital les uns par rapport aux autres est une des clefs des rapports monopolistes. Cette répartition permet de définir la fonction propre de chacune des couches des rapports de domination subordonnés au Capital, dans le procès de production, et de poser leur lien l'un par rapport à l'autre. En effet, les contremaîtres veillent à la réalisation des conditions *immédiates* de l'exploitation puis les professionnels et les techniciens, à la réalisation des conditions indirectes. Dans le premier cas, la fonction est plus évidente; dans le second, par contre, cette définition repose davantage sur la connaissance des contradictions propres au procès de production capitaliste.

Le premier postulat, au sujet des professionnels ou de la place des agents du travail technique et scientifique dans la production, renvoie au primat des rapports de production sur toutes les formes de la division sociale (et technique du travail[42]). Le mouvement de multiplication ou de réduction d'un ensemble de travaux représente justement une forme de la division sociale du travail. Ce mouvement est lui-même lié aux transformations internes que subissent les rapports de production sous l'effet de l'accumulation. L'augmentation ou la réduction relative des professionnels dans une branche productive est donc un phénomène lié aux modifications des rapports de production. Mais comment?

La reconnaissance de ce point est significative pour deux raisons: d'abord, au niveau des contradictions du capitalisme, elle permet de repérer des mouvements de concentration des rapports sociaux et ensuite, *au niveau*

---

42.   La division technique étant l'aspect secondaire de la division sociale du travail.

des classes sociales et de la petite-bourgeoisie en particulier, d'apercevoir et d'expliquer certaines tendances. Ce que plusieurs sociologues des classes sociales n'ont pu saisir, enfermés dans une problématique empiriste, l'analyse des impératifs fondamentaux des rapports de production capitalistes parvient à l'expliquer.

Premièrement, l'observation concrète amène à constater que la répartition des professionnels et des tehcniciens entre les branches varie passablement, que souvent le rapport entre professionnels et contremaîtres est inversement proportionnel et encore, que ces relations sont le pendant de la division sociale au sein même du Capital. Tous ces éléments doivent être expliqués. C'est à ce moment que l'on doit faire intervenir le second postulat, c'est-à-dire le *mouvement nécessaire de dévalorisation du capital constant,* ou réduction de la valeur des moyens de production et finalement, des coûts de production. Ce processus implique une réduction du coût des matières premières (par l'usage de produits synthétiques, de dérivés, par exemple), des combustibles, etc. Bref, tous les coûts liés au rendement du capital constant (ou les dépenses productives à l'exception des salaires) doivent être réduits afin de freiner la tendance à la baisse du taux de profit. Dans ce mouvement, le travail scientifique et son application jouent un rôle des plus importants.

En effet, l'application des techniques et des sciences à la production permet de perfectionner les conditions matérielles et sociales de l'exploitation. Certes, le travail technique et scientifique peut être appliqué directement sur l'aspect vivant du processus de production, sur le rendement du travail humain mais c'est son utilisation en rapport avec les moyens de production qui sera ici retenue. Le travail scientifique et technique est lié aux contradictions de chaque procès de production et donc, au mouvement de transformation des rapports de production. *La place assignée aux professionnels et techniciens dans les branches productives est un aspect de l'accumulation.*

Comment donc s'opère ce lien? Mon hypothèse est que la présence dominante de contremaîtres dans une branche est une coordonnée de l'exploitation directe de la force de travail, intensive et extensive; par ailleurs, la présence dominante des professionnels est un indice du degré de développement des forces productives et de l'accumulation. Ces deux éléments des rapports de domination devraient former *un corollaire des rapports monopolistes.*

Dans le concret, les branches où l'on trouve peu d'administrateurs-propriétaires mais surtout des managers devraient se caractériser aussi par la dominance des professionnels et techniciens par rapport aux contremaîtres. Inversement, on devrait trouver, en proportion dominante dans les mêmes branches, les propriétaires et les contremaîtres, tous deux indices des rapports non monopolistes. Ainsi, les travailleurs scientifiques et les contremaîtres forment un *couple* dont l'équilibre interne doit être dégagé.

La répartition

Le tableau suivant illustre par excellence la plupart des énoncés concernant la théorie des classes sociales du capitalisme actuel. Revenons, pour commencer, sur la question de l'articulation des degrés divers au sein des rapports de domination.

XIV. PROFESSIONNELS, TECHNICIENS ET CONTREMAÎTRES DANS LES BRANCHES INDUSTRIELLES PAR RAPPORT AUX AGENTS DU CAPITAL – 1961

Branches	Capitalistes[43]		Profession.		Contrem.		Total
	%H	%V[44]	%H	%V	%H	%V	100H%V
Aliments et bois	56%	14%	16	4	26	6	10
Tabac	28	0,8	18	0,5	52	1	0,9
Caoutchouc	35	0,8	27	1	36	1	1
Cuir	48	3	5	0,4	45	3	2
Textiles	38	5	22	4	39	8	5
Bonneterie	49	1	6	0,2	44	2	1
Vêtement	54	11	14	4	39	8	7
Bois	65	6	7	0,4	27	3	3
Meuble	76	4	11	0,4	11	8	2
Papier	28	5	39	9	31	8	7
Imprimerie et édition	45	6	48	0,7	6	1	5
Métaux primaires	19	3	41	8	38	8	6
Pr. métalliques	40	6	29	4	30	7	6
Machinerie	32	2	47	4	19	2	3
Mat. de transport	16	3	49	13	33	10	8
Appar. électriques	20	5	52	18	27	10	10
Pr. min. non mét.	42	3	22	2	34	3	3
Pétrole et charbon	27	1	58	3	12	0,9	2
Pr. chimiques	31	7	52	15	15	5	10
Pr. Manuf. divers	49	6	30	2	20	3	4
Moyenne	36	100	34	100	28	100	100

Source : B.F.S. 94-531 et 94-514.

43. Comprend les directeurs.
44. %H signifie proportion par rapport à la branche et %V, proportion par rapport à la couche.

Je rappelle d'abord la distinction entre procès de production et procès de travail. Le procès de production étant celui de la direction en dernière instance de l'exploitation, de la définition des finalités et des modes de réalisation de ces processus, et le procès de travail étant celui de la mise en œuvre des conditions de réalisation du premier procès, les agents de l'un et de l'autre sont, à des niveaux relativement distincts, séparés d'une part, et associés d'autre part. La possession est une *fonction sociale,* qui, soumise aux développements historiques de la division sociale du travail, se décompose, selon les aspects de la contradiction fondamentale, en fonctions subordonnées. Les fonctions subordonnées de la direction capitaliste (couches parmi la petite-bourgeoisie) dépendent elles-mêmes, dans leur développement, des rapports au sein des fonctions dirigeantes.

Quant à cette décomposition de la fonction de direction des procès de travail, direction soumise à la direction principale, l'analyse concrète nous permet de voir comment elle se réalise. Marx en fournit un indice certain par cette expression concentrée, quant il dit que le capitalisme représente «vis-à-vis du travailleur isolé *l'unité et la volonté du travailleur collectif...* qui fait de la science une force productive indépendante du travail et l'enrôle au service du capital[45]». La possession, c'est-à-dire «l'unité et la volonté du travailleur collectif», c'est donc la direction du procès de travail, sa coordination, sa réalisation, c'est-à-dire sa mise en œuvre immédiate et lointaine. Les cadres de la couche supérieure, séparés de la propriété économique, les responsables gestionnaires, certains professionnels et techniciens et enfin, les contremaîtres sont, *à des degrés de pouvoir et d'association différents,* les uns des agents du Capital, les autres des travailleurs intellectuels «au service du Capital».

Comme il a été dit précédemment, les agents de la propriété économique ainsi que les cadres supérieurs constituent l'*instance supérieure de la direction*: leurs fonctions, quoique séparées, consistent directement à *imposer* les finalités et les conditions spécifiques de réalisation de la production. Derrière eux, ou à leur rescousse, vient un ensemble d'agents qui ont pour tâche et fonction l'*exercice* de ces modes divers de réalisation immédiate de l'exploitation, soit qu'ils veillent à l'augmenter dans sa forme extensive ou intensive en travaillant sur le processus d'extorsion de plus-value, soit directement ou en participant au corps des agents du travail dit «scientifique». Ce dernier ensemble, soumis à l'instance supérieure de direction, comprend: a) les agents qui voient à l'accélération technico-scientifique de la production et qui sont

45. K. Marx, *le Capital*, Paris, Éditions Sociales, 1969, t. II, p. 50; [c'est moi qui souligne].

principalement associés à l'amélioration de la forme *relative* de l'exploitation, ce sont les techniciens et professionnels (ingénieurs, biologistes, etc.) *productifs*; b) les agents qui servent, de par leur savoir spécialisé, à la bonne marche de l'entreprise, tant du point de vue idéologique (psychologues), économique (comptables, etc.), «scientifique», etc.: ce sont les professionnels *improductifs*; c) enfin, les agents qui voient à la réalisation directe du procès d'exploitation, par la surveillance et la vérification du travail, ce qui implique une pression sur ses formes extensives autant qu'intensives; une division politico-idéologique entre ouvriers, une organisation despotique du travail: ce sont les *contremaîtres*. Ces trois couches d'agents constituent donc un *ensemble activement associé à l'exercice de l'exploitation,* que ce soit par des biais idéologiques, ce qui est moins évident, techniques ou encore coercitifs, cela sous la direction première des administrateurs et cadres supérieurs. Ensemble, ils forment donc une *unité* face à la masse des exploités, mais ils sont relativement divisés en deux ensembles d'appartenance de classe distincte.

Il existe donc une division sociale également du côté des rapports de domination dont la «science» à cet égard constitue une «force productive indépendante du travail». Cette division du travail entre agents de l'exploitation correspond aux nécessités des rapports de production, monopolistes ou non monopolistes. Comme on l'a déjà dit, la distribution inégale de ces différents ensembles ne répond pas surtout à des nécessités techniques: par exemple, la proportion relative de contremaîtres et de techniciens au sein de chaque branche est le produit *des transformations des rapports de production,* du processus de concentration et de ses modalités, de la division sociale du travail. Ce postulat énoncé plusieurs fois, s'éclaire maintenant pertinemment.

À partir du tableau précédent, on voit donc que la présence relativement dominante des *contremaîtres,* du côté de l'exploitation immédiate, plutôt que celle des agents de la science et de la technique est un corollaire de la décentralisation relative des unités de production: elle accompagne une présence plus forte des capitalistes. Inversement, les professionnels et techniciens fortement représentés dans une branche, soit par rapport à la présence des contremaîtres ou à celle des directeurs, est un corollaire de la concentration. Enfin, contremaîtres et techniciens *ensemble* constituent un indice de la nature du procès d'exploitation.

Afin de poursuivre l'analyse on rangera les branches dans l'ordre croissant selon la proportion d'agents subalternes de la possession, c'est-à-dire professionnels et techniciens puis contremaîtres d'une part et d'autre part, dans l'ordre croissant de la proportion des agents du Capital, propriétaires et directeurs ensemble. L'échelle obtenue est la suivante: meuble (22-76), bois (34-65), aliments (42-56), vêtements (44-56), cuir (50-48), bonneterie (50-49), produits manufacturiers divers (50-49), imprimerie et édition (54-45), produits minéraux non métalliques (56-42), produits métalliques (59-40), textiles (61-38), caoutchouc (63-35), machinerie (66-32), produits chimiques (67-31), tabac (70-28), papier et connexes (78-28), pétrole (70-27), appareils électriques (79-20), métaux primaires (79-19), matériel de transport (82-16).

Après avoir opéré cette répartition, on note que les dix premières branches marquent, au sein des agents subordonnés, *une dominance des contremaîtres* sur les professionnels et techniciens, sauf dans les industries des produits divers et de l'imprimerie ; d'autre part, la dominance est inversée dans les autres branches sauf dans le tabac. L'interprétation de ce rapport inversement proportionnel est simple : les dix premières branches sont à peu près celles où l'équilibre entre la proportion d'agents de la direction capitaliste et d'agents de la direction subordonnée est relativement stable ; en fait, cet équilibre commence à basculer avec l'industrie des textiles dans laquelle il y a 23% de plus de professionnels, de techniciens et de contremaîtres que d'administrateurs et va croissant ; c'est que, dans ce second groupe, la proportion d'agents de la propriété économique présents au Québec baisse progressivement à mesure que la concentration grandit ; c'est là, semble-t-il un indice de la monopolisation. Ensuite, si l'on se rappelle la division ethnique des branches à partir de la surreprésentation ethnique du Capital dans chacune, on remarque que jusqu'à l'industrie du caoutchouc (12e rang), les branches sont toutes principalement contrôlées par des Canadiens français ou des Canadiens anglais ; les étrangers se concentrent évidemment dans les branches où la proportion d'agents des instances dirigeantes du Capital se réduit, puisqu'il s'agit de branches monopolisées[46].

La signification de ces nouvelles divisions

Ces critères sont suffisants pour observer les formes concrètes de la *division sociale du travail au sein des agents supérieurs et subordonnés de la direction capitaliste,* telle que *soumise aux transformations des rapports de production du stade monopoliste.* Mes remarques s'expriment comme suit :

1) Les branches où l'on trouve le plus de *capitalistes* et en même temps une proportion très faible de *contremaîtres* : le meuble et le bois. Cette dominance particulière et exclusive des capitalistes sur les contremaîtres indique une proportion notable de capitalistes *individuels,* c'est-à-dire d'agents qui concentrent toutes les fonctions du Capital.

---

46.   Toutes ces interprétations mériteraient d'être fouillées par une analyse plus complète ; mais il me semble que les résultats obtenus indiquent des hypothèses qui doivent être retenues.

2) Les branches dans lesquelles la proportion d'agents supérieurs et subalternes est relativement proche (entre 40 et 59%) *et* marquée par la dominance des *contremaîtres* sur les professionnels et techniciens: aliments, vêtement, cuir, bonneterie, produits minéraux non métalliques et produits métalliques; puis, la dominance des *techniciens*: les produits divers et l'imprimerie. On peut donc dire que ces branches sont non monopolisées dans les cas où la proportion de capitalistes dirigeants est plus importante et où la multiplicité relative des unités de production exige un nombre équivalent de contremaîtres (l'accent y est d'ailleurs mis sur la forte extorsion de plus-value absolue); puis, on reconnaît les branches partiellement monopolisées dont l'exploitation est surtout intensive, dans lesquelles les capitalistes canadiens-anglais contrôlent plus de la moitié de la production *et* dont une partie importante des procès de travail sont socialisés; on peut supposer de plus que les industries des produits divers et de l'imprimerie subissent déjà ce processus de réduction du capital fixe (on se souviendra d'ailleurs que l'imprimerie affectait l'indice du taux d'accumulation du capital le plus bas).

3) Les branches dans lesquelles la proportion de capitalistes dirigeants diminue relativement mais dans lesquelles les *contremaîtres* dominent les professionnels et techniciens: le textile, le caoutchouc et le tabac. Ce sont des branches relativement concentrées et dans lesquelles, malgré une plus-value relative très importante, le procès de travail est passablement dominé par l'extorsion de plus-value absolue.

4) Les branches dans lesquelles les agents subalternes du Capital sont en nombre massivement supérieur à celui des dirigeants et dont les *professionnels et techniciens* dominent les procès de travail: la machinerie, les produits chimiques, le papier, le pétrole, les appareils électriques, les métaux primaires et le matériel de transport. Ce sont les branches dominées par l'exploitation relative du travail et qui recherchent, du fait de la tendance à la baisse du taux de profit, à réduire la valeur de leur capital constant. On verra plus loin les effets de ce mouvement principal sur la division sociale au sein des agents du Travail.

Ce long exposé veut démontrer que *la division sociale est l'agent principal de la reproduction élargie du Capital*. Or, à cet égard et au niveau du problème immédiat que j'ai posé, les professionnels de l'industrie présentent des caractères pertinents. Autant par rapport aux frontières qui les séparent du Capital et du Travail que par la détermination du travail intellectuel qui les sous-tend, ces places ont une grande importance qualitative. Les professionnels et techniciens de la production appartiennent à l'ensemble des travailleurs intellectuels de la petite-bourgeoisie. Leur place dans le procès de production de capital produit des effets sur tout l'ensemble du travail intellectuel. Celui-ci, en tant que «force productive indépendante du travail et enrolée au service du capital» représente désormais la légitimation de l'exploitation. Le travail «scientifique» dans les entreprises monopolistes est à la fois domination et surbordination. Il est subordination ou déqualification dans la mesure où la concentration entraîne sa ramification, sa spécialisation ainsi que la réduction de l'initiative à sa plus simple expression. Il est *domination* quand on pense que tout le travail intellectuel se trouve séparé du Travail, c'est-à-dire rangé dans des fonctions de soutien actif du Capital dont il sert à défendre activement les intérêts économiques et politiques.

Parmi la petite-bourgeoisie salariée, le travail des professionnels et techniciens de la production reproduit d'une façon exemplaire les aspects internes de la contradiction Capital-Travail, aspects régis dans leurs formes ponctuelles par le stade de la concentration atteint par les rapports de production.

Avant de terminer, j'aurais aimé présenter le rapport entre secteurs monopolistes et couches de la petite-bourgeoisie salariée. Cela n'est pas possible. À titre indicatif, en se référant à l'étude d'André Raynauld, on pourra tenir compte de la distribution des secteurs de la circulation. On peut voir, par exemple, la proportion des employés du commerce de détail qui se trouvont dans des établissements non monopolistes en les recoupant avec l'appartenance ethnique du Capital.

XV. RÉPARTITION DE LA FORCE DE TRAVAIL IMPRODUCTIVE PAR COUCHE ETHNIQUE DU CAPITAL — 1961

Secteurs	C.F.	C.A.	Étr.
Commerce de gros	34,1%	47,2%	18,7%
Commerce de détail	56,7%	35,8%	7,5%
Institutions financières	25,8%	53,1%	21,1%
Services divers	71,4%	28,6%	—— %
Moyenne	47 %	41 %	15,7%

Source: Raynauld, op. cit., tiré du chap. premier.

Pour opérer ces rencoupements, on se rappellera que le commerce de détail et les services semblaient déjà dominés par les rapports concurrentiels. Pour cette raison, on dira que près des trois quarts de la force de travail de ces secteurs ne sont pas socialisés; par contre ce serait l'inverse dans le commerce de gros et les finances où capital étranger et canadien-anglais dominent, ce qui est un indice d'une certaine concentration. Enfin, si l'on suppose que la force de travail des entreprises sous contrôle canadien-anglais se partage également entre établissements monopolistes et non monopolistes, on trouvera que dans l'ensemble environ le *tiers seulement du travail improductif appartient au capital monopoliste.* Pour le travail productif, cette proportion était légèrement plus élevée. C'est malheureusement tout ce que l'on peut tirer de ces recoupements.

5. L'ensemble des rapports sociaux

L'objectif poursuivi dans le présent chapitre a été de présenter une sorte de tableau général des *principales frontières* qui, selon moi, ont tendance à se dessiner au sein des rapports sociaux. C'est à dessein que ces pages n'offrent pas encore directement de ligne d'interprétation des rapports de classes. J'ai opté pour une séparation nette des aspects de l'objet : formes concrètes de la division sociale du travail d'abord et structure des classes en lutte ensuite. C'est donc, par exemple, seulement dans un deuxième temps, défini comme aspect des classes en lutte, que ses décantera la problématique québécoise de la question nationale. On se réserve donc le prochain chapitre pour cerner cette question.

Avant de terminer le présent point, il me semble utile de jeter un regard sur l'ensemble des résultats statistiques qui ont été recueillis dans les pages qui précèdent. Mais on ne soulignera jamais assez que ces distributions ne sont qu'*indicatrices puisque les rapports sociaux ne sont pas quantifiables.* Cependant, étant donné la surenchère statistique actuelle sur les problèmes de stratification sociale et le souci politique des organisations populaires de toutes sortes de démontrer l'importance globale du «salariat», la complexité des couches de la division sociale doit être soulignée. Ma préoccupation, dans cette conjoncture d'inflation statistique, est de faire ressortir, par contraste, le danger politique des quantifications schématiques et des stratifications classiques.

Soumis à l'étude des divers aspects sociaux des *rapports de production capitalistes,* les travaux de la division sociale au Québec se répartissent aux places suivantes :

XVI.	DISTRIBUTION DES AGENTS AUX PLACES DE LA DIVISION SOCIALE DU TRAVAIL — 1961		
Classes et couches de classe	**Masse**		**Proportion**
	Couches	Total	
Capitalistes (propriétaires et managers)		137 693	4,9%

Classes et couches de classe	Masse		Proportion
	Couches	Total	
Ouvriers			
— dans la production	610 326		22%
— dans la circulation	18 309	628 635	
Petite-bourgeoisie salariée			
— professionnels supérieurs et subalternes, quelques techniciens	142 967		(8,4%)
— techniciens et contre-maîtres	89 868		
— intermédiaires (selon procès de travail)	178 256		
— manuels	213 695		(7,7%)
		⎪ 624 786	22%
Petite-bourgeoisie traditionnelle			
— professionnels	16 884		
— petite production	131 497	148 381	5,4%
— production familiale[47]		1 232 319	44%
TOTAL		2 771 814	100%

Source: Tableaux précédents.

Le précédent tableau est riche à plusieurs égards. En effet, il révèle : 1) qu'environ 5% de la population résidant en sol québécois est assignée aux places de la bourgeoisie : cette bourgeoisie comprend des hauts fonctionnaires de l'État des paliers fédéral, provincial et municipal, des propriétaires d'entreprises québécoises canadiennes-anglaises et canadiennes-françaises ainsi que des administrateurs salariés d'entreprises étrangères et canadiennes ; 2) que la proportion des ouvriers et celle de la nouvelle petite-bourgeoisie sont à peu près semblables ; 3) qu'il y a autant de femmes séparées de la production sociale, c'est-à-dire maintenues dans des rapports dominés par les rapports capitalistes que d'ouvriers et de petits-bourgeois salariés ensemble. Regardons maintenant cette répartition à la lumière des contradictions internes qui se manifestent au sein de la petite-bourgeoisie.

---

47. Correspond aux «femmes inactives»... c'est-à-dire comprend une proportion imprécise de travailleuses en chômage et de célibataires.

Couches de la petite-bourgeoisie	Proportion
Polarisation autour du travail intellectuel et des rapports de domination	
— professionnels[48]	5,1%
— techniciens et contremaîtres	3,8%
Polarisation autour du travail manuel et des rapports de subordination	7,7%
Polarisation contradictoire (intermédiaire) (nouvelle p.-b.)	6,4%
Polarisation contradictoire	
— petite propriété (p.-b. traditionnelle)	5,4%
— production familiale	44%[49]

Si l'on regarde les couches dont la polarisation est nette, on voit que les contradictions internes qui se trouvent à caractériser la petite-bourgeoisie assignent autour de 9% de tous les agents (soit *près de la moitié de la nouvelle petite-bourgeoisie) du côté de la domination.* Inversement 7,7% se trouvent objectivement polarisées vers le prolétariat par le travail manuel improductif. On voit l'importance de la situation intermédiaire dans laquelle se trouvent 6,4% des agents. On reviendra sur ces cas. Enfin, le cas de toutes les ménagères qui sont mariées à des travailleurs des couches subordonnées vient gonfler le mouvement vers le bas.

Cette répartition représente, pour l'instant, la trame de fond sur laquelle se constituent *les classes en lutte;* c'est ce processus que je vais maintenant tenter de dégager.

---

48. Qu'on se souvienne qu'environ 3,7% des agents de la nouvelle petite-bourgeoisie peuvent se ranger au sein du Capital, tel que mentionné précédemment. S'ajoutent ici à cette proportion les médecins et avocats à leur propre compte.
49. On sait déjà que 68% des femmes sont mariées à des ouvriers et à des manuels improductifs mais on ne connaît pas la part de celles-ci qui restent à la maison.

CHAPITRE III

LES CLASSES ET LES FRACTIONS EN LUTTE

Il est temps d'entrer dans le vif du sujet. Grâce à l'analyse des principales formes précédentes des rapports sociaux, on est à même d'avancer dans des rapports plus politiques. L'unité et la diversité des caractères objectifs de chaque classe sociale ainsi que les réflexions qui suivent sur certaines contradictions secondaires au sein des classes sociales et entre elles posent, selon moi, l'importance du rapport entre *les classes en lutte* et les luttes de classes. Ces deux angles d'analyse sont en fait *deux aspects de la même question*. Mais si j'insiste ici sur l'étude de la structure des *classes en lutte*, c'est qu'il semble bien qu'on y trouve *les raisons des luttes de classe*.

1. Quelques contradictions au sein de la bourgeoisie québécoise

Certes, le présent ouvrage ne porte pas directement sur les manifestations politiques des rapports de classe. J'espère cependant qu'il facilitera ou bien l'interprétation de luttes ponctuelles, ou mieux encore, qu'il incitera à une connaissance plus poussée de certains aspects de la situation québécoise dans son ensemble.

1.1. Aspects structurels de la question nationale

Un des aspects principaux de la conjoncture québécoise actuelle, la question nationale, représente, en fait, un aspect de la division sociale du travail. La division en classes et en fractions de classes se forme sur l'articulation des éléments constitutifs des rapports de production : ces éléments se manifestent à travers les contradictions sociales, idéologiques, juridiques, politiques. La question nationale est un produit de ces contradictions. Seules les conditions historiques concrètes de l'accumulation au Canada et au Québec peuvent, en dernière analyse, l'expliquer.

Trop souvent, le phénomène national québécois est présenté en tant qu'autonome alors qu'il tire ses origines et se reproduit au sein de certaines conditions de l'exploitation capitaliste. *La question nationale québécoise se reproduit, en effet, comme aspect des caractères spécifiques des classes sociales et des luttes de classes au Québec et au Canada.*

Cette division en classes, comme on l'a dit plusieurs fois, prend les formes de la séparation entre rapports monopolistes et non monopolistes. *La question nationale est la forme québécoise de cette contradiction.* Comme on le sait, c'est l'histoire de l'implantation du capitalisme au Canada qui lie les fractions du Capital aux diverses couches ethniques de celui-ci. Pour comprendre la question nationale au Québec, point saillant de la scène politique, il faut saisir les conditions actuelles du processus de concentration et ses effets en fractionnements de classe.

La question nationale a pour base la différenciation des places au sein de la bourgeoisie et des classes dominées au Québec et au Canada. La question nationale actuelle concerne différemment les couches de la bourgeoisie canadienne et québécoise d'une part, et les couches du peuple d'autre part. La confusion politique qui mêle les revendications nationales de certaines fractions de la bourgeoisie à celles des classes dominées n'empêche pas qu'elles sont qualitativement distinctes. Cette mise au point est d'une extrême importance. En deux mots, disons que l'analyse des bases concrètes de la division sociale du travail au Québec permet de voir que la question nationale se pose d'abord dans la bourgeoisie et qu'elle est intimement liée aux conditions québécoises de la lutte entre capital monopoliste et non monopoliste. Bien saisie dans ces termes par la bourgeoisie mais présentée au nom d'un nationalisme populaire, la question de la séparation du Québec de l'État canadien est reprise en charge par une partie des classes populaires. Certes, les revendications nationalistes du peuple québécois sont fondées, en tant que tel, mais à l'heure actuelle, faute d'un parti de classe, ces revendications font le jeu des intérêts d'une fraction de la bourgeoisie québécoise. *La question nationale québécoise est une des faces de l'impérialisme au sein de la formation sociale canadienne et au Québec.* Loin de nier la réalité de l'inégalité nationale québécoise, réalité sociale et culturelle, je vais plutôt tenter de l'aborder comme forme de l'impérialisme ou intériorisation des contradictions externes.

Effets de la division internationale du travail

L'impérialisme, dans ses manifestations concrètes, se compose d'un ensemble de contradictions internes et externes. Les effets de la division internationale du travail sur le Canada et de la division nationale du travail sur le Québec expriment ces contradictions.

Quand on pense quel moyen d'expansion sans limite représentent les investissements directs, la part de ceux-ci qui est réservée au Canada donne une image des liens économiques et politiques qui unissent le Canada et les États-Unis.

XVII. RÉPARTITION DES INVESTISSEMENTS DIRECTS AMÉRICAINS
1966

Régions	Proportion
Canada	31%
Europe	29,6
Cuba, Antilles et autres pays	21,3
Mexique et Amérique latine	18,1

Source : *«V.S. Survey of Current Business, septembre 1967»*, dans Kari Levitt, La Capitulation tranquille, *Montréal, Réédition Québec, 1972, p. 188.*

De plus, les mêmes sources[1] nous apprennent que ces investissements correspondent à 47% de tous les investissements américains dans les mines et fonderies, à 35% dans la fabrication, à 30% dans les services et à 22% dans le pétrole, pour un total de 16 840 millions de dollars sur 54 562 millions, soit 31%.

Effets de la division nationale du travail

Quant au partage de tous les investissements étrangers entre les deux principales provinces industrielles canadiennes, l'Ontario et le Québec, on remarque des différences notables. Un indice de ce partage est, par exemple, la part du revenu imposable des sociétés étrangères.

Comme le dit le rapport Gray, les sociétés étrangères «ont réalisé 50% de leur revenu imposable[2] en Ontario. Elles en ont réalisé une proportion deux fois et demie moindre au Québec, la province qui suit l'Ontario en importance[3]».

---

1.   Kari Levitt, *la Capitulation tranquille*, Montréal, Réédition Québec, 1972, p. 193.
2.   Il s'agit ici du secteur manufacturier.
3.   Rapport Gray, *Ce que coûtent les investissements étrangers*, Éd. Leméac/Le Devoir, Montréal, 1971, p. 29.

XVIII. DIVISION NATIONALE DU TRAVAIL À PARTIR DE LA PART DU REVENU IMPOSABLE – 1965-1968

Secteurs	Impôt des sociétés étrangères		
	Québec	Ontario	Canada
Agriculture, forêts, pêche et prégeage	–	14,3	20,7
Mines	40,6	59,3	55
Fabrication	60,3	70	63,8
Construction	12,1	19	20,6
Transport, entreposage, communications et services publics	44	20,9	22,1
Commerce de gros	32,2	39,7	35,7
Commerce de détail	27,2	36,3	37,4
Services financiers	22,3	25,6	30,6
Autres services	41,9	39,1	38,7

Source : *Le Rapport Gray,* Ce que coûtent les investissements étrangers, *Montréal, Éd. Leméac/Le Devoir, 1971, p. 37.*

Le revenu imposable tiré des sociétés étrangères est donc plus élevé dans l'Ontario pour tous les secteurs sauf deux. Par ailleurs, le Québec se situe au-dessous de la moyenne canadienne dans tous les secteurs sauf les transports, entreposage, communications, services publics et autres services. Comparée à celle de l'Ontario, la structure économique du Québec détient une industrie lourde moins importante et une bonne partie de ses capitaux productifs se cantonnent dans la production de biens de consommation destinés à un marché local. Pourtant, l'importance de la mainmise étrangère (américaine surtout) est considérable au Québec. C'est la combinaison de ces deux faces du Capital sur chaque procès de production qui donne les caractères propres des rapports monopolistes au Québec, des classes sociales correspondantes et de la question nationale.

1.2. Rapports monopolistes et question nationale

Je vais d'abord m'attarder aux branches industrielles, puis à la circulation. J'ai exposé dans le détail, au chapitre précédent, les ramifications multiples de la division actuelle. Comme je l'ai dit, ces formes se développent sur le mode même de la concentration. Elles sont en quelque sorte le produit de la contradiction Capital-Travail dans son développement historique en tant que nouvelles conditions de l'accumulation. Cet antagonisme produit plusieurs effets ; par exemple, les conditions sociales et matérielles de l'exploitation dans chaque procès de travail en représentent un.

La nature du processus d'exploitation, *i. e.* son degré de productivité, de perfectionnement, quand on réussit à la saisir, est révélatrice du type de rapports économiques et de rapports sociaux qui y opposent les agents. Quand on connaît la nature de cette définition, on peut aussi dégager ces limites; en ce qui me concerne, j'ai mis en relation les éléments statistiques appropriés dont je disposais sur les branches industrielles[4]. Le résultat obtenu donne des sortes d'*approximations* des éléments du taux d'exploitation, et des *indices* du taux d'accumulation.

Où veut-on en arriver? On veut démontrer que les branches industrielles sont caractérisées différemment entre elles quant au rapport entre la valeur ajoutée et certains facteurs du capital avancé, la valeur ajoutée étant une sorte de coefficient de l'exploitation. Par exemple, le rapport de la valeur ajoutée à la masse salariale donne une figure qui ressemble au rapport d'exploitation; le rapport entre les principaux coûts de production et la masse salariale donne un indice du rapport entre travail mort et travail vivant, indice qui représente la composition organique du capital ou le taux d'accumulation. C'est là que s'observent des combinaisons différentes entre ces trois taux. Ces approximations représentent la force ou la faiblesse des capitaux dans la branche.

La capacité plus ou moins marquée de chaque branche à extorquer des nouvelles valeurs par ouvrier, d'une part, et la quantité élevée des coûts de production par ouvrier, d'autre part, sont deux indices de la concentration. C'est pourquoi la supériorité d'un des rapports sur l'autre laisse percer la *possibilité* d'une tendance à la croissance du rapport le plus faible. Par contre, c'est la comparaison entre les rangs de chacun des taux qui situe la branche. Par exemple, quand les deux rapports sont faibles, l'indice ainsi obtenu sur la position de la branche devra être comparé avec d'autres indices, mais on serait porté à croire qu'il s'agit là de rapports non monopolistes.

Pris avec de grandes réserves, voici les taux approximatifs que l'on peut dégager :

XIX.   APPROXIMATIONS DES TAUX D'EXPLOITATION ET D'ACCUMULATION PAR BRANCHE INDUSTRIELLE — 1965

Branches	Taux d'exploitation	Taux d'accumulation
Supériorité du taux d'exploitation		
Industrie du caoutchouc	343	284

---

4.   Voir à ce sujet les notes méthodologiques des pages 69 à 72.

Branches	Taux d'exploitation	Taux d'accumulation
Industrie du meuble	225	204
Industrie du cuir	206	187
Industrie de l'imprimerie et de l'édition	315	176
Industrie des produits métalliques	248	222
Industrie de la machinerie	264	234
Industrie des prod. min. non métalliques	289	223
Industrie des produits divers	271	151
Industrie des produits chimiques	501	409
Supériorité du taux d'accumulation		
Industrie des aliments et boissons	411	778
Industrie du tabac	314	391
Industrie du textile	253	358
Industrie de la bonneterie	245	325
Industrie du vêtement	204	240
Industrie du bois	215	278
Industrie du papier et connexes	247	325
Industrie des métaux primaires	328	486
Industrie du matériel de transport	273	332
Industrie des appareils électriques	295	298

Source : *B.F.S., 31-205, Industries manufacturières du Canada, Section C, 1968.*

Comme on peut voir, cette distribution en elle-même ne permet pas de diviser les branches selon les rapports monopolistes. Ni le taux d'exploitation obtenu ni le taux d'accumulation ne représente un critère suffisant. Par contre, comme je vais tenter de le démontrer à la lumière d'autres facteurs, des correlations fort intéressantes s'établiront et je me risquerai à trancher sur la *tendance* dominante qui traverse chaque branche. Ne pouvant effectuer ces recoupements sur les sphères de la circulation, on les aura tout du moins réalisés sur les procès situés au cœur de la production sociale, c'est-à-dire sur les branches industrielles. De toute manière, on sait que le capital productif est central dans les rapports de classes du capitalisme.

Position des limites des rapports monopolistes

Combinés entre eux, les traits de la division du travail correspondent à des formes de rapports de production différentes ; de plus, on sait que ces formes de rapports de production différentes se greffent aux couches ethniques du capital investi au Québec. Sous contrôle étranger, canadien-anglais et québécois, il est, pour chaque groupe ethnique de capitalistes *résidant au Québec*, soit monopoliste soit non monopoliste. Le capital étranger emploie 10% de la force de travail productive et 7,1% de la force de travail improductive ; le capital canadien-anglais (qu'il s'agisse de filiales d'entreprises mères situées hors du Québec ou d'entreprises mères au Québec) emploie 19% de la force de travail dans la production et 18% dans la circulation ; le capital canadien-français emploie 18,2% dans la production et 20,7% dans la circulation[5]. Quant aux agents de la bourgeoisie résidant en sol québécois (canadien-anglais et canadiens-français), ils semblent se répartir à peu près également le contrôle de la production des branches : il y aurait, d'après ces approximations, un nombre à peu près égal de propriétaires du capital non monopoliste et de managers anglophones des filiales monopolistes. La propriété du capital non monopoliste se partage entre canadiens-français et canadiens-anglais ; question qu'il reste à démêler.

Mon objectif a été, dans un premier temps, de faire ressortir le *contexte national* dans lequel se dessinent les rapports de classes. En conséquence, avant de présenter ce qui constitue, selon moi, le fractionnement de la bourgeoisie québécoise, je vais continuer de réunir d'autres critères des rapports monopolistes puisqu'ils sous-tendent la question nationale. À cette fin, les principales formes de divisions que j'ai observées au chapitre précédent seront à nouveau éclairantes. Mais rappelons-le : *la division du Capital en rapports monopolistes et non monopolistes engendre des effets sur toutes les classes.* En fait, il s'agit, en déterminant la nature des rapports qui se nouent du côté du Capital, de poser les jalons qui définissent la bourgeoisie, les couches des classes dominées et la question nationale. La problématique sous-tendue est d'ailleurs toujours celle dans laquelle, au sein de la contradiction Capital-Travail, c'est le Capital qui est l'aspect principal. Ainsi, *toutes les divisions en classes sont conditionnées par les éléments qui régissent le Capital.* C'est pourquoi le présent exposé précède l'analyse des contradictions au sein des classes dominées.

Dans le premier chapitre, on a vu que les branches de la production avaient une composition interne variable. Les unes réunissaient surtout des administrateurs-propriétaires, d'autres, salariés, les unes des professionnels et techniciens, les autres des contremaîtres et enfin, plus ou moins d'ouvriers en relation avec la proportion de tous les précédents. Toutes ces variables constituent autant d'indices du caractère dominant dans la branche, concen-

---

5.   Voir plus haut les pages 88 et 89.

tration ou séparation des unités de production. Face à ce problème, les branches industrielles offrent des traits multiples et permettent une étude plus complexe que la circulation des formes actuelles de la division sociale du travail sur tous les rapports sociaux. Même si nous l'aurions souhaité, il n'est pas possible de faire la même présentation sur la circulation parce que les informations y sont plus fragmentaires ; de toute manière, les branches de la production illustrent de manière plus complexe le processus de division.

D'après cette analyse, quatre traits spécifiques de la concentration dans les branches se dégagent en tant qu'*indices* des rapports monopolistes. *En caractérisant la branche, ils engagent tous les rapports sociaux*. Ces indices sont les suivants : 1) la séparation entre détenteurs de la propriété économique et de la possession qui se traduit par une proportion relativement plus élevée d'administrateurs salariés ; 2) la concentration relativement grande de cadres de l'instance dirigeants lorsque les agents de la propriété économique ne résident pas au Québec ; 3) la dominance des professionnels et des techniciens sur les contremaîtres comme facteurs de dévalorisation du capital constant ; 4) la part relativement faible d'ouvriers par rapport à la part relativement élevée d'agents des rapports de domination, quand il y a intensification de l'exploitation et dévalorisation du capital constant. Ces critères sont autant de formes de la division monopoliste du travail. Ils permettent d'indiquer les tendances qui traversent les branches.

Cependant, afin de s'assurer de l'unité plus forte de l'ensemble de ces critères, on les a comparés, dans chaque cas, avec le niveau moyen des salaires et avec la moyenne d'ouvriers par établissement[6].

Classification des branches industrielles

Toutes les industries n'occupent pas une position nette face au processus de socialisation. On en trouve un certain nombre qui semblent affectées par les déplacements. Parmi ces branches dont la situation dominante n'est pas encore affirmée, il y a les branches *principalement* monopolisées (pour indiquer qu'elles ne le sont pas tout à fait), les branches *partiellement* monopolisées (pour indiquer qu'elles le sont en partie), et les branches *faiblement* monopolisées, c'est-à-dire celles dans lesquelles s'opère un triple processus, la conservation, l'absorption ou la dissolution.

---

6.   Ces deux critères, empiriques, sont insuffisants pour démarquer la forme des rapports de production mais leur convergence peut être significative.

Les résultats de ces recoupements sont les suivants :

1) Les branches massivement *monopolisées* : les pâtes et papiers, les métaux primaires, la machinerie, le matériel de transport, les appareils électriques, le pétrole et le charbon et les produits chimiques.

Dans toutes ces branches, soit que les deux taux, accumulation et exploitation sont élevés, soit que le taux d'accumulation est parmi les plus élevés, tous les salaires ouvriers sont dans la tranche supérieure, et la moyenne relative de la concentration par établissement est forte, sauf dans l'industrie des produits chimiques où elle se situe dans le groupe moyen. Enfin, *les quatre indices* sur les formes de la division sociale *confirment cette position.*

2) Les branches *principalement* monopolisées : le caoutchouc, les textiles et le tabac.

La position de ces trois branches les situe à la frange du groupe précédent : on dira même que les effets de l'absorption monopoliste sur elles se manifestent massivement. Seule, la branche des textiles affecte un taux d'exploitation légèrement inférieur qui s'accompagne d'ailleurs de salaires moyens et d'un degré de concentration plus bas que dans les deux autres branches ; de plus, le taux d'accumulation de l'industrie du caoutchouc nous semble faible alors que celui de l'exploitation y est élevé. Par rapport aux formes de la division sociale, ces branches contiennent respectivement 86%, 65% et 83% d'administrateurs à salaires, la présence des rapports de domination ne caractérise par ces branches mais le travail déqualifié y semble prédominant. On voit que ces contradictions semblent *pencher vers* la concentration. Mais leur composition interne les portera à prendre tous les moyens pour réduire les coûts et augmenter leurs modes d'exploitation des ouvriers.

Les branches *divisées* : a) les branches *partiellement* monopolisées : les aliments et boissons, l'imprimerie et l'édition, les produits métalliques et les produits minéraux non métalliques.

Une proportion non négligeable des procès couverts par ces branches est socialisée : par contre, une part importante de ceux-ci demeure relativement séparée, phénomène que l'on a pu déceler principalement à travers la présence massive d'agents qui cumulent à la fois les fonctions de la propriété économique et de la possession (une moyenne de 52%), indice des rapports non monopolistes. C'est surtout le taux d'exploitation qui est élevé dans cet ensemble de branches, partiellement sous-tiré, il va sans dire, de procès d'extorsion absolue de surtravail. Quant à la concentration et aux salaires, on note qu'ils sont d'un rang moyen sauf pour les produits métalliques et les produits minéraux non métalliques où la concentration semble relativement plus faible. Toutes ces branches affichent des critères de divisions internes qui prêteront à la dissolution de certains procès et à la concentration des autres.

Les branches *divisées* : b) les branches *faiblement* monopolisées : les produits manufacturiers divers et la bonneterie.

Ici, il semble qu'*une partie* des unités de production ait tendance à adopter des formes monopolistes ; cela peut être le cas d'entreprises non monopolistes à l'endroit de certains critères, qu'ils atteignent dans des proportions mineures. Il est possible, donc, que certaines unités relèvent de rapports monopolistes mais les indices à ce sujet sont faibles. D'autre part, les salaires sont bas, comme dans les branches non monopolisées, et la concentration est de niveau moyen. On sera tenté de conclure surtout à des procès non monopolistes. L'avenir de ces branches dépend de l'interdépendance entre capital monopoliste et non monopoliste.

3) Les branches *non monopolisées* : le cuir, le vêtement, le bois et le meuble.

Ce dernier ensemble de branches affecte *des taux parmi les plus faibles*. Quant aux salaires, ils sont tous très faibles, et la concentration relative est ou bien moyenne, ou bien basse. Ces unités de production ne sont pas socialisées. Elles sont menacées par la dissolution.

1.3. Le fractionnement de la bourgeoisie québécoise

On a d'abord défini la trame de fond qui anime la question nationale au Québec, à l'heure actuelle, puis on a démontré, à l'aide du partage des branches de la production industrielle, quelques-uns des enjeux qui se nouent autour des rapports sociaux monopolistes. On est maintenant en mesure d'aborder plus directement le problème de la bourgeoisie québécoise dans son ensemble.

La véritable question est d'ordre politique. Même si la présente étude n'aborde pas les éléments nous permettant d'approfondir le problème des partis de la bourgeoisie, elle permet au moins d'avancer dans la connaissance des questions de fond. En l'occurrence, on dispose de deux angles privilégiés d'observation. Le premier permet de saisir la bourgeoisie dans ses déterminations *structurelles* : en s'arrêtant aux bases et aux limites de ses principales tendances. Par le second, il est possible de recouper ces tendances avec les divisions ethniques du Capital, aspects *conjoncturels* québécois. C'est ce que je vais tenter de faire ici, projetant pour une étude ultérieure, une analyse des rapports entre les fractions, les appareils d'État et la scène politique.

Répartition des agents selon les fonctions du Capital

D'après les statistiques utilisées, il y a environ 137 693 agents de la bourgeoisie résidant au Québec, ce qui correspond à 5% de la population en âge de travailler. Parmi eux, comme on l'a vu, il semble y avoir autour de 10% de capitalistes liés à l'appareil d'État, puis, dans les secteurs privés, le reste rattachés au capital productif et au capital improductif. À l'aide des informations recueillies il est possible de voir le partage des fonctions au sein de ces agents puis la répartition entre les couches ethniques du Capital.

Pour établir l'importance approximative du nombre d'agents assignés à chaque fonction du Capital, propriété économique et possession monopoliste et non monopoliste, je partirai de deux données : a) la proportion d'administrateurs à salaire par rapport à tous les capitalistes (soit 57% pour les productifs et 40,7% pour les improductifs) et b) les regroupements des branches selon les indices de la monopolisation, qui indiquent, par exemple, que 16,1% des capitalistes sont dans des branches productives monopolistes, 47% dans des branches non monopolistes et 18% dans des branches en déplacement. En comparant les administrateurs salariés de la production (en tant qu'indice des rapports monopolistes) par exemple soit 57%, avec la part totale des capitalistes des branches que j'ai rangées comme monopolistes, on obtient une différence de 10% d'agents salariés de la possession qui vont aux entreprises non monopolistes ou en voie de déplacement. Par ailleurs, en cumulant la somme des agents de la propriété de chaque branche monopoliste ainsi que des trois branches principalement monopolisées, on obtient une fraction de 8,7% qui correspondrait, selon toute vraisemblance, aux agents de la propriété économique monopoliste résidant au Québec. À l'aide des répartitions que l'on connaît, il est possible d'arriver à un indice de la distribution suivante. Pour les secteurs improductifs, on procédera de la même façon en retenant comme hypothèse que les secteurs qui ont moins de 50% de propriétaires sont monopolisés[7].

XX.   RÉPARTITION DES AGENTS DU CAPITAL MONOPOLISTE

	productif	improductif
a) propriété économique	8,7%*	16,3%*
b) possession	47,0%	24,4%
TOTAL	55,0%	40,7%

---

7.   On retient ici un seuil de 50% au lieu de 40% comme on l'a fait dans le cas du capital productif parce que l'on prétend que la proportion d'agents de la propriété économique monopoliste comme les banques, institutions financières, est plus élevée que celle des industriels.

XXI.   RÉPARTITION DES AGENTS DU CAPITAL NON MONOPOLISTE

	SECTEUR	
	productif	**improductif**
a) propriété économique et possession	34,3%	34,6%**
b) cadres	10,0%	24,7%
TOTAL	44,0%	59,3%

* Dans cette proportion d'agents du Capital, on tient à souligner la présence de quelques Canadiens français. Cette remarque vaut surtout pour le secteur improductif où se remarquent les francophones (Caisses populaires, etc.)
** Voir à la fin du chapitre.

Bref, si les agents de la possession monopoliste représentent des intérêts qui ont origine pour la plupart hors du Québec, il reste que leur situation a force de loi et que 44% des industriels et commerçants, etc. en dépendent dans leurs tentatives d'accumulation du capital. Mais la réalité n'est pas si simple. Chaque couche du Capital se partage entre Canadiens anglais et Canadiens français.

Répartition du Capital selon les rapports monopolistes

Dans le cas du secteur monopoliste, ce qu'il nous intéresse de savoir, c'est le partage des fonctions de la possession entre représentants du capital étranger et du capital canadien-anglais. Dans le secteur non monopoliste, c'est le partage entre Canadiens anglais et Canadiens français. Quoiqu'il soit impossible d'arriver à une répartition exacte, certaines *approximations* seront utiles afin de pousser plus loin l'analyse.

Les mines et la fabrication seront les cibles de ce repérage pour la production[8]. Certes, il faudra partir d'un indice incomplet : on supposera que la proportion de propriétaires dans une tranche correspond à la fraction monopoliste tout en sachant qu'une part de ceux-ci sont des propriétaires monopolistes (comme semble-t-il la part de 8,7% dans la fabrication et de 16,3 dans la circulation), de même que l'on conviendra que tout le capital canadien-

---

8.   Les statistiques sur le transport contiennent un grand nombre d'administrateurs au service de l'État ; la construction et l'agriculture ont déjà révélé des statistiques insatisfaisantes, c'est pourquoi ils ont été exclus.

français est non monopoliste et étranger, monopoliste. Le résultat est le suivant :

XXII.   RÉPARTITION DU CAPITAL QUÉBÉCOIS EN FRACTION
MONOPOLISTE ET NON MONOPOLISTE
(quelques secteurs productifs et improductifs)

Secteurs	Proportion de la force de travail*				Proportion d'administrateurs** (comme indicateur)	
	Non monopoliste		Monopoliste		Salariés	Propriétaires
	C.F.	C.A.	C.A.	ÉTR.	Mono.	Non mono.
Mines	6,5	14,5	38,6	40,4	79	21
Fabrication***	21,8	20,2	26,7	31,3	58	4,2
Commerce de détail	56,7	20	15,7	7,5	23,2	76,8
Services	71,4	–	28,6	–	28,6	71,4
Commerce de gros	34,1	22,9	24,3	18,7	43	57
Finances***	25,8	6,2	46,9	21,1	68	32

Source : Tableaux précédents.

---

* Tiré de Raynauld, *op. cit.*
** Tiré du tableau de la page 79
*** C'est dans la fabrication et les finances que l'on sait que l'hypothèse est faible du fait que le capital monopoliste canadien-français y est égal à 0.

En effectuant la lecture de ce tableau, il faut bien retenir que 8,7% de la part non monopoliste assignée à la fabrication et aux mines, puis 16,3% à la circulation correspondent à un certain équivalent de la propriété économique monopoliste. Il est toutefois impossible d'en distinguer l'origine ethnique ou de la distribuer par branche.

De plus, quelques remarques s'imposent au sujet de ces statistiques. Dans le tableau de la page 000, j'ai dégagé certaines approximations à partir d'un indice assez grossier, c'est-à-dire en considérant que la part de propriétaires dans un secteur renvoie grosso modo à autant d'entreprises non monopolistes. On a vu, par contre, que cette attribution doit être réduite de quelque 8,7% dans la production et de 16,3% dans la circulation. C'est pourquoi l'usage de cet indice pour partager les couches ethniques du capital est relatif.

Ensuite, la répartition de la force de travail sous chaque couche n'a pas la même importance quand il s'agit des rapports monopolistes ou non monopolistes. Cela revient à dire que le poids des secteurs monopolistes canadiens-anglais est relativement plus élevé qu'il n'apparaît. À part égale, la force de travail appartenant au capital monopoliste est un indice qualitativement différent et attribue à ce capital une importance supérieure à la quantité désignée. Enfin, il doit être clair que la répartition de la force de travail ne doit pas être prise en tant que tel. J'ai d'ailleurs présenté cette distribution en la pondérant avec l'importance de chaque branche au deuxième chapitre[9]. Dans le présent tableau, la proportion de la force de travail par couche du capital est un signe de l'importance *relative* de chacune d'elles.

Les principales remarques, après l'étude de ces résultats, seront donc très globales et prudentes. Quoiqu'il en soit, on croit pouvoir retenir d'abord que *la fraction monopoliste canadienne-anglaise est plus forte que sa fraction non monopoliste* sauf dans le commerce de détail. Dans les finances et les mines, ce trait est particulièrement remarquable.

Quant au capital non monopoliste dans son ensemble, *les Canadiens français excellent sur ce terrain* et les Canadiens anglais, dans le secteur industriel. Cependant, cette assertion amène à poser quelques questions. Par exemple, la fraction canadienne-française de la bourgeoisie québécoise est-elle surdéterminée par les secteurs qu'elle occupe ou plutôt, ses propres caractères empêchent-ils le développement de ces secteurs? L'étude de Raynauld révèle que «43% de la différence moyenne de productivité entre les Canadiens anglais et les francophones reflète la mauvaise adaptation de la structure industrielle canadienne-française au pattern de productivité des autres...» La petite taille de l'établissement canadien-français semble attribuable à la fraction plutôt qu'à la branche puisque les «Canadiens français n'ajustent pas la dimension de leur établissement en fonction de l'industrie dans laquelle ils sont... de sorte que plus ils s'engagent dans les industries à grande dimension, plus le décalage augmente entre eux et leurs concurrents canadiens-anglais ou étrangers».

À travers ce qui précède, on a pu dégager que le capital canadien-anglais se caractérisait par des traits partagés entre les indices monopolistes et les autres. Marqué dans son ensemble par une faiblesse partielle, il est implanté dans les branches de la production là où il a été difficile de conclure globalement à la dominance des monopoles. Il y a donc une corrélation entre

---

9.   Voir le tableau des pages 88-89.

les branches industrielles où il est difficile de trancher et la présence canadienne-anglaise. Par ailleurs, dans l'imprimerie, les pâtes et papier et les boissons, ces traits sont plus uniformes, la concentration réalisée est nette et le
contrôle canadien-anglais fortement majoritaire. Il y a donc des cas où le capital canadien-anglais est nettement monopoliste.

Pour illustrer ce point, une hypothèse. Si par exemple, on établit que
la moitié des entreprises productives sous contrôle canadien-anglais ne sont
pas monopolistes, dans le cas d'une branche contrôlée à 68% par les Canadiens anglais, comme le *textile*, cette proportion non monopoliste tombera
à 34%. Ainsi, le reste de la branche, canadienne-anglaise et étrangère[10],
serait monopolisé à 63%. Voilà un cas-type où il était difficile de cerner une
dominance nette : les indices étaient divergents[11]. Il s'agissait d'une branche
dans laquelle les rapports étaient en fait en voie de transformation puisque
peut-être 37% du capital de la branche échappe encore à la concentration. En
conséquence, la présence canadienne-anglaise sera dans ce procès à la recherche, par nécessité, de meilleures conditions d'accumulation.

Les contradictions

Il est donc clair qu'il existera de nombreuses contradictions entre les
capitaux canadiens-anglais et canadiens-français dans la mesure où chacune
de ces fractions est divisée à l'intérieur d'elle-même, par une lutte de résistance à la fusion ou encore à cause de leur unité ethnique dont l'aspect national recouvre la question hégémonique.

Je me réserve pour la conclusion d'aller plus loin dans ces réflexions
rappelant que l'objectif était d'établir les *bases structurelles* de la bourgeoisie
québécoise actuelle. En même temps, on a pu cerner dans leurs limites relatives les rapports monopolistes et non monopolistes. Le cadre est maintenant
posé pour entreprendre l'observation des contradictions au sein des classes dominantes, puisqu'il est clair que les présentes tendances affectent profondément toutes les classes.

2. Quelques contradictions au sein des classes dominées

Les effets de la division internationale et nationale du travail sur les
rapports sociaux puis la question nationale forment une sorte de *toile de
fond* sur laquelle se dessinent les luttes entre les classes et les fractions. On

---

10. Y compris «théoriquement» quelques Canadiens français.
11. On avait indiqué 358% pour le taux d'accumulation et 253% pour le taux d'ex-
    ploitation.

va essayer de dégager certains aspects constitutifs de ces rapports. On prendra deux aspects : les effets de la division sexuelle du travail sur la distribution des agents d'une part, et les divisions selon les rapports juridiques comme aspect des rapports de production. À l'aide de ces critères, articulés à la division sociale du travail exposée au précédent chapitre, on pourra relier les phénomènes politiques aux phénomènes structuraux.

A. La division sexuelle du travail

Les contradictions au sein du peuple sont secondaires[12] ; elles constituent des *aspects* des divisions internes entre les classes dominées. Les contradictions à l'intérieur du peuple servent à la bourgeoisie, dans la lutte des classes, dans la mesure où elles rendent plus difficiles l'unification des classes exploitées. Elles représentent des formes de divisions qui *se conjuguent* aux rapports sociaux existant et les renforcent aux fins d'une exploitation accrue. *Les contradictions secondaires sont des conditions de la contradiction principale.*

C'est pourquoi la division sexuelle du travail est une des conditions des rapports de production capitalistes. La combattre, c'est s'attaquer à la reproduction des rapports capitalistes. Sous cet angle, on peut dire, par exemple, que des modifications dans la distribution des femmes aux places de la division sociale du travail concernent des transformations structurelles de la division sexuelle. À ce titre, ces transformations affectant la composition des classes en lutte peuvent être considérées comme des effets des *luttes de classes* sur la structure. Après avoir exposé au précédent chapitre les rapports de domination/subordination et les rapports économiques en tant que supports des luttes de classes, ce chapitre-ci éclairera surtout les effets sur l'organisation interne des classes, des divisions sexuelles d'une part et juridiques d'autre part. Il reste tout de même que ces aspects de la division sociale ont un *rôle constitutif*, même s'ils émergent ici de la problématique des luttes de classe.

La structure de la division sexuelle du travail, dans une société donnée, a donc une importance stratégique décisive, d'autant plus *qu'il y a autant de femmes que d'hommes dans la lutte des classes.* Toutes ces raisons militent

---

12. Il est vrai que, théoriquement, des fractions de la bourgeoisie peuvent faire partie du «peuple» dans certaines conjonctures. N'ayant pas défini la contradiction principale au Québec et au Canada, le peuple, dans ce contexte, désigne la classe ouvrière et les fractions de la petite-bourgeoisie.

pour accorder à l'étude des femmes dans la structure de classes au Québec une place fondamentale. Dans le présent chapitre, en effet, c'est intentionnellement que je choisis d'approfondir les contradictions qui me semblent porteuses d'implications politiques actuelles. Dans ce sens, les divisions sociales qui se manifestent à travers les conventions collectives seront aussi extrêmement révélatrices.

2.1. Le problème

La division sexuelle capitaliste tel que je l'ai exposée dans le chapitre premier se caractérise par la *séparation relative des femmes* de la production sociale d'un côté et au sein du travail social de l'autre. Par là je veux dire que les femmes sont séparées d'un double point de vue : soit parce qu'elles sont rivées au travail familial, soit parce que lorsqu'elles participent à la production sociale, elles sont surtout assignées au travail déqualifié et à inculquer la subordination. Au Québec, 71,8% des femmes sont séparées de la production sociale dans la mesure où elles restent à la maison et y remplissent les tâches de la production-reproduction de la force de travail ; comme on l'a vu, 44% des agents se trouvent alors dans ces rapports. Ensuite, 28% des femmes occupent deux places en même temps : elles se trouvent sur le marché du travail et remplissent les tâches familiales. Dans ces cas, leur insertion dans la production sociale représente leur principale pratique et détermine leur appartenance objective de classe.

Cependant, avant d'entrer dans l'analyse concrète, il faut encore souligner qu'il s'agit là des *grandes tendances* de la division sexuelle du travail en mode de production capitaliste. En tant que telles, les frontières qui les expriment sont mobiles et varient selon les conditions historiques concrètes de chaque formation sociale.

Car le procès de séparation sociale des femmes est un *mouvement tendanciel*, il peut donc être plus ou moins marqué selon la périodisation du mode de production capitaliste et ses formes peuvent être relativement distinctes dans la mesure où elles s'adaptent et s'articulent à ces phases et stades. Cela amène une deuxième remarque : la séparation du travail ménager dans ses formes actuelles, production privée sur le mode du servage, n'est pas une forme organiquement liée au capitalisme, elle n'y est d'ailleurs que le maintien de formes précapitalistes de production. La division sexuelle du travail capitaliste ne requiert donc pas que la division sociale qui sépare les femmes des autres agents se maintienne dans ce type de rapport ; il est plutôt probable que la production du travail ménager passera à des formes capitalistes par le salariat ou par une socialisation relative de ce type de travail. Mais cela n'affectera en rien les bases de la séparation sociale entre les sexes qui prendra alors d'autres formes. La lutte actuelle de certains groupes de femmes pour le salaire aux ménagères est une lutte pour le maintien de la division sexuelle capitaliste. C'est la participation des femmes à la production sociale et la lutte pour des conditions égales qui représentent la rupture de base avec la division sexuelle du travail. La production du travail ménager sous une forme précapitaliste est donc le *principal support actuel* de la division sexuelle du travail à ce stade-ci du capitalisme, forme qui subit un procès de modification propre à la concentration du capital et à la socialisation des forces productives monopolistes. Cette forme de division semble encore principale quoiqu'elle s'associe à des modes de dissociation qui reproduisent ailleurs, la même inégalité idéologique et juridico-politique. Les femmes qui participent à la production sociale, par exemple, sont massivement assignées aux couches subordonnées et aux aspects les plus dominés des rapports de production.

En fait, je dirai dès maintenant que le mouvement qui sous-tend la division sexuelle du travail *actuelle* est principalement *la question du passage*, au sein du capitalisme monopoliste, des formes précapitalistes de la production-reproduction de la force de travail à des formes capitalistes. C'est donc dans un procès de maintien ou de rupture de ces formes que les agents féminins se trouvent par rapport à la division sexuelle dominante. Cette question est centrale pour les transformations au sein du peuple.

Hommes et femmes dans la production sociale

Pour commencer, illustrons la division sexuelle du travail par la distribution suivante :

XXIII.   HOMMES ET FEMMES SELON LA DIVISION SOCIALE DU
TRAVAIL – 1961

A. **Séparation de la production sociale :**

Hommes	Femmes
22,7%	71,8%

B. Participation à la production sociale :

Places et secteurs	Hommes (%)	Femmes (%)
CAPITAL:		
Propriété économique et/ou possession	9	2,6
TRAVAIL:		
Agriculture	9	3,2
Pêche, chasse et trappage	0,2	0,01
Abattage	2,4	0,01
Mines et carrières	1,01	—
Fabrication	20,1	16,2
Construction	8	0,03
TOTAL	40,7	19,4
CIRCULATION:		
Professions libérales*	7,8	19,3 **
Employés de bureau	7,6	25 ***
Employés du commerce	5,8	8,1
Employés des services	7,5	21,1
Employés des transports...****	9,8	2
Employés des finances	0,9	0,11
Manœuvres	7,3	1,3
Professions non déclarées	3,0	3,2
TOTAL	42%	39,7
Proportion globale selon le sexe	77,3%	28 %

Source : B.F.S. — 94-502 et 94-501.

---

*   Contient quelques places du Capital ainsi que des couches subordonnées de la petite-bourgeoisie.

**   Couche relativement importante à cause des infirmières et des enseignantes.

***   En Ontario, on compte 32,5% des femmes dans le travail de bureau seulement et 10% dans les usines.

****   Dont on compte une proportion de productifs.

Le précédent tableau avait pour but d'indiquer, dans leurs grandes lignes, les différences occupationnelles entre hommes et femmes. On sera surtout frappé par la présence beaucoup plus mince des femmes dans la production et leur concentration relative du côté du travail *improductif*, dans le travail manuel aussi bien que dans le travail intellectuel. Mais cette répartition n'est pas éclairante si on ne l'accompagne pas d'une observation plus poussée *des mouvements* dans chacune de ces places. On regardera d'abord les femmes dans la classe ouvrière.

2.2. Les femmes de la classe ouvrière

À l'aide du tableau des deux pages suivantes, on peut observer la cohérence, au sein du mode de production capitaliste, de la division sexuelle du travail en tant que division sociale, c'est-à-dire en tant que reproduction sur les agents des rapports politiques et idéologiques de la division en classes. On se souviendra que nous avions principalement énoncé que la division sexuelle capitaliste séparait les femmes du procès de production sociale, puis, dans d'autre cas, séparait les procès où elles se trouvent[13], de même qu'elle séparait les femmes des autres agents.

Quant à l'insertion des femmes dans le procès social de production de capital, quelles sont alors les places qui leur sont assignées?

Les femmes et le travail déqualifié productif

Parmi toutes les femmes qui sont incorporées directement au travail collectif, *80% sont assignées au travail déqualifié*. De leur côté, les hommes se répartissent presque également entre le travail qualifié et le travail déqualifié, puisque l'un et l'autre représentent respectivement 49 et 51%. Quatre-vingts pour cent des ouvrières sont donc soumises à la déqualification du travail (qui, globalement représente environ 63% des travaux productifs) alors que cette tendance n'atteint que 51% des ouvriers. Les ouvrières sont massivement associées au travail déqualifié, dans une proportion de 17% de plus que la moyenne du travailleur collectif dans son ensemble et de 29% de plus que les hommes. Cependant, il faudra se poser la question à savoir si, par la déqualification de leur travail, ces femmes sont soumises au procès caractéristique du capital monopoliste, c'est-à-dire à la concentration ou à la conservation des rapports non monopolistes.

---

13. Les «sépare», c'est-à-dire leur attribue en même temps une unité relative propre.

XXIV.   DISTRIBUTION DES FEMMES SELON LE TRAVAIL QUALIFIÉ ET DÉQUALIFIÉ
PAR BRANCHE DE LA PRODUCTION – 1961

Branches	Tr. Qu.	Tr. Déqu.	Total	% Q	% D	% T.Q.* par branche	% T.D.** par branche
Aliments et boissons	1 692	2 209	3 901	43%	56%	4,4%	2,4%
Caoutchouc	21	983	1 004	2%	97%	1,1%	1 %
Cuir	212	5 049	5 261	4%	95%	6 %	5 %
Textiles, bonneterie, vêtement	10 481	40 708	51 189	20%	79%	59 %	46, %
Bois et meuble	109	568	677	16%	83%	0,8%	0,6%
Produits chimiques	16	3 143	3 159	1%	99%	3,6%	3,5%
Imprimerie et édition	1 530	345	1 875	81%	18%	2,1%	0,3%
Métaux primaires	43	55	98	43%	56%	0,1%	0,5%
Produits divers	277	–	277	100%	–	0,3%	–
Produits métalliques	495	958	1 453	34%	65%	1,6%	1 %
Matériel de transport	82	25	107	76%	24%	1,1%	0,2%
Électricité***	1 885	399	2 284	82%	17%	2,6%	0,4%
Construction et entreprise	128	54	180	70%	30%	0,2%	0,6%

Produits miniers non métalliques	26	360	386	6%	93%	0,4 %	0,3 %
Divers	–	14 129	14 129	–	100%	16 %	17 %
Agriculture	54	828	882	6%	93%	1 %	0,900%
Forestage	7	45	52	13%	86%	0,05 %	0,040%
Pêche	44	–	44	100%	–	0,05 %	–
Mines	–	6	6	–	100%	0,006%	0,006%
Femmes	17 100	69 633	86 733	19%	80%	100 %	80 %
Hommes	214 747	222 855	437 602	49%	51%	100 %	
Proportion de femmes	7,3%	23%	16%				
Proportion par rapport au travail total				36%	63%	100 %	

Source : B.F.S. – 94-514 (salariés seulement).

* Signifie : taux de travail qualifié par branche.
** Signifie : taux du travail déqualifié par branche.
*** Recouvre toutes les travailleuses de l'électricité et de l'électronique.

Les lieux de déqualification du travail productif féminin

Il faut d'abord s'arrêter à cette déqualification et voir si elle est en rapport avec la concentration des femmes dans certaines branches. Les femmes soumises au procès de déqualification du travail dans les *branches monopolisées* seraient, s'il se trouvait, directement associées au mouvement principal, au sein de la classe ouvrière. Or, où sont donc les femmes associées au travail déqualifié? Elles se trouvent au Québec: a) dans le textile, la bonneterie et le vêtement où elles forment 59% de tous les ouvriers; b) dans un ensemble de travaux qui traversent toutes les branches mais principalement les industries légères puisqu'il s'agit de l'embouteillage, de l'emballage et de l'étiquetage dont l'ensemble réunit 16% des femmes productives; le reste est disséminé à travers plusieurs branches.

Cette première approximation indique donc qu'un total de *67% des femmes ouvrières déqualifiées sont liées à des branches dont le procès de socialisation ou de concentration monopoliste n'est pas nettement affirmé* comme c'est le cas, par exemple, pour le vêtement, pour le cuir et même pour bon nombre d'unités reliées à la bonneterie.

Qu'en est-il donc de la proportion de femmes accomplissant un travail *déqualifié dans les branches franchement monopolisées?* On trouve 1% de la force de travail féminine déqualifiée dans le caoutchouc, 3,5% dans l'industrie des produits chimiques, 1% dans les produits métalliques, 0,4% dans les appareils électriques, 0,3% dans les produits minéraux non métalliques, ce qui ne nous donne que *6,2%*. Ces femmes, peut-on dire, se trouvent objectivement liées aux modifications internes des rapports de production monopolistes; à ce titre, elles se rangent au sein de la couche principale du prolétariat. Si la conjoncture des luttes de la classe ouvrière favorise ces secteurs, ces femmes occupent une place importante pour l'ensemble des femmes. Elles sont en position objective de rupture avec la division sexuelle capitaliste du travail.

Quoi penser alors du fait que 67% des ouvrières se trouvent dans des procès menacés par le capital monopoliste? Ce facteur historique signifie, je crois, soit que ces femmes risquent de perdre leur emploi, soit qu'elles se verront déplacées par le processus de socialisation vers la couche principale de la classe ouvrière.

Mais, et ceci semble, à l'heure actuelle, le plus important, *ces femmes des procès non monopolistes* représentent *la force de travail féminine* quantitativement dominante, *à la fois au sein des ouvriers* et des procès du textile, du vêtement, de la bonneterie et du cuir. Voyons de plus près :

XXV. RÉPARTITION SEXUELLE DU TRAVAIL
AU SEIN DE CERTAINES BRANCHES DE LA PRODUCTION – 1961*

Branches	H	F	T	% H	% F	% H & F par rap. T
Textiles**	17 911	7 732	25 643	69%	30%	27%
Bonneterie	2 739	5 046	7 785	35%	64%	8,3%
Vêtement	11 857	33 555	45 412	25%	74%	48%
Cuir	6 940	6 946	13 386	50%	50%	14%
TOTAL	39 447	53 279	92 726	42%	57%	100%

Proportion par rapport à toutes les branches**   32%

Source : tiré du tableau précédent

---

* Cette répartition exclut les manœuvres et assimilés, c'est pourquoi cette
masse demeure relativement inférieure.
** L'industrie du tabac contient également plus de femmes que d'hommes.

Si on compare maintenant cette répartition sexuelle du travail à la
répartition du travail qualifié/déqualifié dans ces mêmes branches, on trouve :

XXVI. RÉPARTITION SEXUELLE DU TRAVAIL QUALIFIÉ/DÉQUALIFIÉ
AU SEIN DE CERTAINES BRANCHES DE LA PRODUCTION – 1961

Branches	H	F	T	% H	% F
Travail qualifié					
Textiles, bonneterie et vêtement	13 832	10 481	24 313	57%	42%
Cuir	1 963	212	2 175	90%	9%
TOTAL	15 795	10 693	26 488	60%	40%
Travail déqualifié					
Textiles, bonneterie et vêtement	16 102	40 708	56 810	28%	71%
Cuir	4 725	5 049	9 774	48%	51%
TOTAL	20 827	45 757	66 584	30%	69%

Source : tiré du tableau XXIV

De la comparaison de ces deux tableaux, qu'obtient-on? J'ai d'abord choisi des branches où la masse absolue et relative de femmes est supérieure, en même temps que la tendance au travail déqualifié. A) Quant à la répartition sexuelle, en effet, on trouve que dans le vêtement, 74% de toute la force de travail est féminine, et avec les trois autres branches, on trouve une moyenne de 57% (ce qui est important, quand on pense que les femmes représentent seulement 14,8% de la force de travail productive) : ces procès doivent donc retenir plus particulièrement l'attention ; b) or, la seconde répartition, c'est-à-dire celle qui tient compte de la qualification du travail, montre que dans ces mêmes procès, *60% du travail qualifié est accompli par des hommes et 69% du travail déqualifié par des femmes*, des procès qui, ensemble, ne requièrent que 23% du travail qualifié. Il est donc net que même la mince part de travail qualifié y est assignée aux hommes. En effet, si l'on compare le total des femmes qui accomplissent un travail qualifié au sein de ces branches, soit 10 693, à la somme de tous les ouvriers, hommes et femmes, de ces procès, soit 94 072, on trouve que 11% seulement de femmes y sont du côté du travail qualifié.

Ces rapports font des *femmes ouvrières des travaux déqualifiés, les porteurs des tendances actuelles de l'exploitation et de la division sociale capitaliste du travail.* Cette forme spécifique de la division sexuelle du travail, repérée parmi toutes les femmes insérées dans la production sociale, concerne toutes les femmes d'une part et le prolétariat d'autre part. L'unité de la classe ouvrière devrait s'en enrichir au lieu d'en être affaiblie.

Bref, la division sexuelle du travail agit en séparant d'abord certains procès du fait que ceux-ci sont principalement *féminisés*, et du fait aussi que les femmes s'y voient massivement assignées aux travaux déqualifiés. Enfin, j'ajouterai encore une fois que quoiqu'elles se séparent des ouvriers, elles occupent une place qualitativement importante au sein de la classe ouvrière et principalement dans la couche soumise à la *déqualification monopoliste du travail.* Cette couche concentre d'ailleurs les contradictions internes des procès dans lesquels on trouve encore *une part importante d'exploitation sous la forme absolue* (prolongement de la journée moyenne de travail et réduction des salaires), ce qui, au sein du prolétariat, les soumet, en tant que femmes, à la double forme de l'exploitation. Tous ces traits montrent l'importance de ces femmes dans la lutte de classes.

Les lieux de qualification du travail productif féminin

Par ailleurs, et contradictoirement, il est certaines *branches* où l'aspect principal du travail féminin est sa *qualification*. Ce sont : l'imprimerie et l'édition (81%)[14], la production d'appareils électriques (82%), les aliments et boissons et les métaux primaires (43%), puis le matériel de transport (76%) et la construction (70%). La question qu'il faut ici se poser est de savoir quelle est la particularité de ces travaux. La réponse se trouve dans l'analyse-même de ces travaux qualifiés.

a) Ces femmes sont, dans l'imprimerie et l'édition, 978 relieuses (pour l'équivalent de 450 relieurs), c'est-à-dire une femme sur deux dans cette branche ; b) dans la production d'appareils électriques, on trouve 1 851 ajusteuses et monteuses de matériel électrique et électronique, un travail strictement minutieux qui occupe 81% des femmes de cette branche ; c) quant aux aliments et boissons, cette proportion renvoie au fait que, d'une part, le travail qualifié y tient dans l'ensemble de tous les procès de travail une place importante, soit 57%, ce qui renvoie d'ailleurs à la profonde division de cette branche en quelques unités concentrées d'une part, et en une proportion très grande de procès séparés que nous avions pu identifier par la place des agents de la propriété économique au sein du Capital (soit 44%) ; d) enfin, les travaux qualifiés féminins dans l'industrie du matériel de transport, de la construction et des métaux primaires se trouvant dans des branches qui ne contiennent ensemble que 1,3% de toute la force de travail productive féminine n'offrent pas de signification sociale réelle.

Résumons. *Les travaux qualifiés féminins, au sein du travailleur collectif, représentent 19% de tout le travail productif féminin* ; outre les diverses branches où ils servent à maintenir une division relative parmi les femmes pour les fins idéologiques et politiques de la bourgeoisie, ces travaux qualifiés concernent certains travaux minutieux comme la reliure, l'ajustage d'appareils électriques ou électroniques, puis les métiers parcellaires des boulangères et quelques autres travaux spécialisés de l'alimentation. Au total, ces branches où domine le travail qualifié féminin réunissent seulement 5,3% de toute la force de travail des ouvriers.

Enfin, si d'une part la participation des femmes à la production des marchandises représente 20%, d'autre part, elles se trouvent à accomplir des travaux déqualifiés qui représentent globalement 63% de tout le travail productif. De plus, alors que seulement 51% des hommes se trouvent du côté du travail déqualifié, 80% des femmes, elles, se voient assignées à ces places. Du fait de l'augmentation de l'exploitation intensive du travail et de l'accumula-

---

14. Le chiffre entre parenthèses indique quelle est la part de travail qualifié accompli par les femmes que l'on trouve dans ces branches.

tion du capital fixe, le procès de déqualification du travail capitaliste étant l'*aspect principal de l'unité dans la classe ouvrière,* les femmes insérées dans la production y occupent donc une place qualitativement importante. C'est aussi à cet égard que l'on voit que *se reproduit la division sexuelle du travail,* non pas, cette fois, à travers la production privée du travail ménager, mais au *sein même de la production sociale directe.* Il en résulte que, malgré les effets de division sexuelle que produit la présence des femmes dans le prolétariat, le fait qu'elles s'associent à la déqualification du travail ouvrier devra, à *long terme,* représenter un élément de cohésion du mouvement ouvrier.

2.3. Les femmes de la nouvelle petite-bourgeoisie

Par rapport à la distribution très générale du travail social entre hommes et femmes, on avait noté autour de 60% des femmes dans les travaux improductifs. De plus, on a retenu que 25% de ces agents féminins se trouvaient dans les bureaux, et 21,1% dans les services, ce qui correspond à 41% de toutes les femmes qui travaillent à l'extérieur. Cependant, ces répartitions ne nous donnent aucun indice sur les contradictions qu'elles engendrent.

C'est pourquoi l'analyse de la division sexuelle au sein du travail improductif sera abordée en suivant rigoureusement celle des formes concrètes spécifiques de la division travail intellectuel/travail manuel. Je ne reviendrai pas ici sur les fondements de cette thèse.

Les travailleurs improductifs sont donc séparés des agents productifs et divisés entre eux. À cet égard, la division sexuelle du travail dans cet ensemble s'articule à la séparation entre agents du travail manuel et agents du travail intellectuel, en renforçant cette division et en séparant les femmes de chacune de ces couches.

Féminisation du travail improductif

La question qui est posée ici, en ce qui concerne les femmes, est donc toujours la même, c'est-à-dire, concrètement, *où se trouvent les femmes* au sein du travail improductif et *comment leur assignation agit-elle au niveau de la division des rapports sociaux.*

À ce propos, je suivrai les divisions concrètes entre travail intellectuel/ travail manuel exposées plus haut.

XXVII.   RÉPARTITION SEXUELLE DU TRAVAIL IMPRODUCTIF
ET DES FORMES CONCRÈTES DE LA DIVISION
INTELLECTUEL/MANUEL – 1961

Division travail intellectuel/ travail manuel	Masse					
	H	F	T	% H	% T	% FT
1. Savoir spécialisé rapports d'autorité	27 328	1 151	28 479	93%	4%	0,5%
2. Savoir technique et pratique	45 419	15 969	61 388	73%	26%	7,2%
3. a) Travaux intermédiaires	74 665	103 591	178 256	41%	58%	46 %
b) Travaux manuels	113 180	99 927	213 695	53%	46%	45 %
TOTAL	261 180	220 638	481 818	53%	46%	100 %

Source: Tableaux précédents.

Si les femmes constituent 16% de toute la force de travail productive, elles représentent cependant 46% du travail improductif. Certains aspects concrets de cette distribution doivent être remis en évidence.

Dans l'ensemble des travaux subalternes improductifs, j'ai déjà dégagé un total de 213 695 agents improductifs exécutant des travaux principalement marqués par l'aspect manuel. Ils avaient en effet été rangés de ce côté du fait que leur place, dans les rapports politiques et idéologiques, était définie par la subordination, la répétition, la mécanisation, etc.; j'avais de plus ajouté qu'à ce titre, sous l'effet de ces rapports, ils *polarisent* objectivement les agents qui les portent vers le travail productif, c'est-à-dire vers la classe ouvrière.

Un élément décisif sera maintenant apporté au rangement de cette couche. En effet, la division sexuelle capitaliste du travail agissant pour assigner les femmes aux places subordonnées, la couche des travailleurs manuels improductifs n'en sera que davantage polarisée vers la classe ouvrière.

En effet, les travailleurs manuels improductifs ne constituent pas un ensemble monolithique. La division sexuelle du travail se reproduit au sein des travaux manuels improductifs d'une manière tout à fait cohérente. Car quels sont les travaux manuels qu'y accomplissent les femmes? Pour répondre à cette question portant sur la qualité de ces travaux, on commencera par ceux qui concentrent une quantité importante de femmes. Il s'agit : a) des aides-cuisiniers, b) des «filles de table» [*sic*], c) des dactylographes et commis-dactylographes, d) des téléphonistes, e) des mécanographes et f) des blanchisseuses. D'une part, 60% des femmes qui participent à la production sociale *font partie du travail improductif* dont 46% sont intermédiaires entre le travail intellectuel et le travail manuel et 45% sont du côté du travail manuel. Seulement 7% des femmes au sein de la circulation sont assignées à des places nettement dominées par le travail intellectuel (comme la couche où se trouvent les techniciens). D'autre part, alors que seulement 42% des hommes se groupent dans les travaux improductifs, 27% se rangent dans la couche supérieure (savoir spécialisé et savoir technique).

Du point de vue des effets de cette division sexuelle du travail sur la division sociale, les femmes sont encore une fois concentrées dans des couches et des travaux subalternes. La présence des femmes dans le travail improductif *a pour effet de séparer les couches où elles se trouvent* et de les exploiter doublement. Cette prolétarisation s'opère surtout par les travaux liés à l'échange de services personnels et par le travail de bureau mécanisé. Mais comme je l'ai dit précédemment, la division travail intellectuel/travail manuel agissant à tous les niveaux, opère aussi dans des travaux improductifs et fait porter sur une très importante couche de ceux-ci, c'est-à-dire sur la force de travail féminine, *l'aspect manuel* de cette division.

La division sexuelle du travail *recoupe* donc tout particulièrement la division entre travail intellectuel et travail manuel. Cependant, ce double aspect de la distribution des femmes s'articule comme *aspect secondaire* à l'ensemble des rapports sociaux. Les femmes comme ensemble, dans la production sociale, ne constituent pas une caste, une fraction ou une classe : elles constituent une *catégorie* et appartiennent aux diverses classes déterminées par les rapports de production, ce qui n'empêche la *division sexuelle* capitaliste du travail d'intervenir comme *facteur actif de cohésion* dans certaines couches, par le biais du travail féminin, par exemple.

La place des femmes dans le travail subordonné improductif a donc un double aspect : 1) le premier, l'aspect principal, est que 45% de ces femmes se trouvent, quant à la division sociale du travail, séparées du travail intellectuel ; 2) le second est que dans tous les travaux, les femmes se trouvent soumises au travail masculin, et à ce titre, quant à la division sexuelle, assignées, à tous les niveaux, à des places relativement subordonnées (ce qui n'empêche certaines de celles-ci d'être du côté du Capital). La particularité de la présence des femmes au sein du travail improductif consiste dans le fait qu'elles cristallisent deux aspects des contradictions internes propres au caractère de la petite-bourgeoisie : *le travail manuel et la féminisation de certaines couches*. Observons ce dernier trait au sein des rapports de domination.

Les femmes et les rapports de domination

Cette analyse partira de deux points : a) la division sociale en classes s'articule à la division sexuelle et réserve donc les places dans les rapports de direction de l'exploitation aux hommes principalement ; b) la place de certaines femmes du côté du Capital reproduit la division fondamentale selon les rapports de production parmi les agents de la division sexuelle et montre que les rapports de production ont le primat sur cette dernière en ce sens qu'ils agissent pour diviser les femmes entre elles. En effet, seulement 2,6% des femmes participent à la direction sociale pour 9% des hommes : en fait, les places du Capital sont occupées par environ 90% d'hommes.

Cependant, une proportion relativement importante de femmes se retrouve dans des couches du travail intellectuel associé à la domination subordonnée, appelée «professionnels de niveau inférieur» [*sic*], *i.e.* tel que désigné dans les statistiques. Cette couche a son importance du point de vue de la division sexuelle du fait qu'elle est composée de 58% de femmes et qu'elle renvoie aussi à 16,7% des femmes associées à la production sociale.

Par contre, cette proportion (soit en réalité 4,5% de toutes les femmes) affecte une *séparation* entre les agents occupant les places du Capital et les autres détenteurs d'un savoir lié à l'instance subordonnée. Cette séparation reproduit, bien entendu, la division sexuelle du travail. On ne trouve que 4,2% de femmes dans le Capital, c'est-à-dire 1,5% de toutes les femmes de la catégorie «professionnels de niveau supérieur» [*sic*] et 98% à l'intérieur de la couche subordonnée où elles forment 58%.

Une question demeure : que signifie que 16,1% des femmes participent aux rapports de domination subordonnée ou que 58% de ces places soient assignées à des femmes? Y détiennent-elles un statut particulier? Cette assignation a-t-elle ses effets propres sur la division sexuelle du travail?

1) Que 16,1% des femmes salariées se retrouvent du côté des fonctions de reproduction idéologique et politique de la division en classes signifie, du point de vue du mode de production capitaliste, que la reproduction des rapports de production détient le primat sur toutes les formes de divisions. Alors, comment peut-on dire que les femmes du travail scientifique et technique subordonné servent à la reproduction des rapports de production capitalistes?

a) Elles lui servent *de la même manière* que les hommes en ce sens qu'elles remplissent des fonctions idéologiques et politiques liées à la reproduction élargie du Capital ;

b) Elles lui servent *aussi en tant que femmes*, c'est-à-dire associées d'une manière spécifique et contradictoire à la division du travail. Car, 1° le fait qu'elles sont associées à la direction tend à masquer la division sexuelle réelle (dans l'idéologie qui masque la division en classes, elles apparaissent surtout comme, *elles aussi*, associées à la direction, ce qui semble nier le fait que, par ailleurs, elles sont socialement subordonnées aux agents masculins) ; 2° le fait qu'elles sont assignées à la couche subalterne produit et reproduit cette division.

Quels sont donc, en fait, ces travaux des femmes de la direction subalterne ?

XXVIII.   DIVISION SEXUELLE DU TRAVAIL
AU SEIN DES RAPPORTS DE DOMINATION SUBALTERNE − 1961

Couches principales	H	F	T	F % V	F % H
Personnel enseignant	17 047	41 701	58 748	63 %	71%
Personnel infirmier	683	11 245	11 928	17 %	94%
Religieux	2 050	4 219	6 269	6,4%	67%
Musiciens et professeurs de musique	1 205	1 291	2 496	2 %	51%
Assistants sociaux	1 139	1 370	2 509	2 %	54%
TOTAL	22 124	59 826	81 950	93 %	73%

Source : Tableaux précédents.

Soixante-trois pour cent de ces femmes sont assignées à la reproduction sociale de la force de travail par l'enseignement, 17% à la reproduction physique de celle-ci en tant qu'infirmières ; et les autres sont religieuses (6,4%), assistantes sociales (2%). Dans la répartition de ces travaux, elles forment plus de 50% dans tous les cas (71% du personnel enseignant, 94% des infirmières, 67% des religieux, 51% des musiciens et professeurs de musique et 54% des travailleurs sociaux). Les hommes forment, par ailleurs, 95% des comptables, 79% des écrivains, rédacteurs et journalistes et 78% des autres professions libérales. D'une manière ou d'une autre, tous ces agents (hommes et femmes) se trouvent dans des rapports de domination par rapports à d'autres agents dans l'exécution de leur travail, *caractéristique des rapports politico-idéolo-*

giques du travail intellectuel. Cependant, ce qui semble remarquable, c'est que tous ces *travaux féminins* sont liés directement à la reproduction sociale, idéologique et matérielle de la force de travail, fonction que les femmes remplissent déjà à titre privé dans la famille. Socialisée lorsqu'elle déborde la famille, cette fonction est décisive du point de vue du Capital car elle a pour objet la force de travail ; ce n'est pas un hasard si elle est massivement remplie par des femmes.

En effet, que l'on se rappelle que la *principale forme de la division sexuelle* du travail capitaliste a pour effet de séparer 44% de toutes les femmes de la production sociale en les limitant à la fonction privée de production et de reproduction (biologique, physique et idéologique) de la force de travail par le biais de la famille. Cette fonction, proprement séparée et féminisée ayant comme support exclusif les femmes, se trouve à être réalisée par des agents dans une situation objective de subordination et de séparation, ce qui ne fait que *renforcir la fonction de légitimation de la division en classes* qu'elles remplissent.

C'est pourquoi *l'assignation des femmes à une couche des rapports de domination ne signifie par une rupture des femmes avec la division sexuelle du travail mais bien le renforcement de cette division*, sa reproduction au niveau du travail social et même au sein des rapports de production polarisés vers le Capital. Les femmes y servent mieux à la fonction de reproduction des rapports de production capitalistes : *en tant qu'agents objectifs et subjectifs de la subordination, elles servent à l'inculcation des rapports politico-idéologiques de subordination.* Quand il s'agit, donc, au niveau de l'instance subordonnée de la direction sociale de réaliser la reproduction des conditions de l'exploitation capitaliste, les femmes *représentent*, dans les rapports idéologiques, le véhicule idéal de l'exploitation. C'est pourquoi elles servent au conditionnement de la force de travail (éducation, entretien, soins, transmission des valeurs morales bourgeoises, etc.) dans une proportion de 73%, sans compter que cette fonction, quand elle est exécutée au titre privé de «mère et d'épouse» l'est en majeure partie par des femmes.

2.4. Division sexuelle et division sociale

La division sexuelle du travail démontre que 71% des femmes, en 1961, au Québec, étaient confinées à un travail et à un surtravail privés ; que des 28% de femmes directement liées au travail social, 19% se trouvent dans la classe ouvrière assignées aux travaux déqualifiés et dans des branches soumises au procès d'absorption du capital monopoliste, 40% aux échelons inférieurs (travaux intermédiaires et travaux manuels) de la nouvelle petite-bourgeoisie et enfin, 16% du côté du travail intellectuel dominant. Si cette répartition se modifie tendanciellement, cette modification va dans le sens d'une plus grande participation des femmes au procès social de production, ce qui est rupture avec la forme dominante actuelle de la division sexuelle, et en fait, constitue une *adaptation* de cette division aux rapports de production monopolistes. La division sexuelle ne semble pas en voie de disparaître pour autant, et elle apparaît d'ailleurs réunir, *dans la réalité* que je viens d'observer, les critères de maintien de la division fondamentale entre Capital et Travail. En tant que contradiction secondaire au sein du peuple, la répartition des femmes au travail subordonné prend les formes suivantes; c'est dans la petitebourgeoisie qu'elle se remarque davantage en se doublant d'une division entre agents du travail intellectuel et du travail manuel.

Les femmes du travail intellectuel affichent une unité remarquable dans la mesure où elles y accomplissent les tâches de la reproduction. D'un autre côté, et paradoxalement, associées au travail manuel improductif, elles servent à prolétariser cette couche de la petite-bourgeoisie. Enfin, mêlées à la classe ouvrière, les femmes subissent au premier chef les contradictions actuelles et renforcent, en termes structurels, le mouvement principal se développant au sein du prolétariat. La présence des femmes ouvrières est une force pour le prolétariat et pour l'ensemble de toutes les femmes voulant rompre avec la division sexuelle du travail.

B. La division du travail et les rapports juridiques

Les notes qui suivent concernent les différences sociales qui existent entre les couches des classes dominées à partir des conditions juridiques de travail. Les salaires, la durée de la semaine de travail, les congés, la formation professionnelle, etc., sont autant de conditions qui distinguent les ensembles de la division sociale du travail. Les rapports juridiques consolident les divisions sociales. Ils reproduisent fidèlement les classes sociales existantes et *ils évoluent à l'intérieur de leurs limites* en étant, en même temps, *un produit de la lutte des classes.*

On verra donc maintenant *comment* les conditions de travail des travailleurs québécois répondent à la cohérence des rapports capitalistes d'une part et servent de moteur économique et social des luttes au sein des classes dominées d'autre part. Ce dernier point a deux aspects: d'un côté, les rapports juridiques séparent entre elles les principales couches des classes dominées par le biais de contradictions secondaires et, d'un autre côté, prolétarisent de larges couches de la petite-bourgeoisie. Enfin, ce mouvement suit les contradictions du processus social de concentration; il permet donc d'avoir une vue relativement plus claire des divers aspects du *fractionnement en classes* et d'opérer la synthèse de ces rapports.

Les rapports juridiques seront donc traités ici d'un double point de vue : en tant qu'*éléments constitutifs* de la division en classes et en fractions puis en tant que *facteurs défensifs* de la lutte de classes. Chacun de ces aspects correspond à un ensemble particulier de conditions juridiques. On présentera les salaires d'abord en insistant davantage sur l'intérêt que comportent *les autres conditions*.

2.5. Les contradictions à partir des salaires

À la lecture de ces données, on pensera, certes à des cas particuliers se détachant des lignes générales ci-dessous. Comme pour toutes les statistiques présentées dans cette étude, il est recommandé de les considérer comme tendancielles et *indicatrices*. De plus on note, dans leur cas plus que dans tout autre, que la dernière décennie les a largement modifiés. Mais comme on sera concerné par les *écarts* de salaires, il est probable que ceux-ci soient restés à peu de différences près les mêmes.

XXIX. SALAIRES NOMINAUX DES COUCHES ET ENSEMBLES DES RAPPORTS SOCIAUX DE LA DIVISION SOCIALE DU TRAVAIL − 1961

Ensembles	Couches	Salaire moyen	
		H	F
Travail exploité:			
Ouvriers	Manœuvres productifs	2 340	1 589
	Ouvriers qualifiés	3 247	1 813
Employés	Employés manuels	2 588	1 654
	Employés intellectuels	4 111	2 534
Direction subalterne ou			
surveillance (Rapports			
de domination)	Contremaîtres :		
	− productifs	4 534	2 672
	− improductifs	4 384	2 595
	Techniciens et professionnels:		
	− productifs	5 272	3 220
	− improductifs	4 804	3 122
Direction principale	Cadres, scientifiques, etc.	7 095	3 634
(Capital)			

Source: B.F.S. − 94-534.

Les écarts de salaires *approfondissent les divisions déjà existantes* entre travailleurs manuels et travailleurs intellectuels, entre travailleurs qualifiés, entre exécutants et dirigeants, entre hommes et femmes, etc. Ces couches de salaires ne révèlent qu'une partie des contradictions tirées des rapports juridiques mais on verra les autres plus loin. À ce stade, voici ce que l'on remarque :

1. Les différences salariales entre le travail manuel dans son ensemble et le travail intellectuel sont d'environ 45% (si l'on prend, d'une part, la moyenne des salaires entre les ouvriers et les employés manuels ($2 725) et, d'autre part, le seuil le plus bas du travail intellectuel [$4 111]).

2. Les différences salariales entre le travail intellectuel comprenant du travail d'exécution, puis les contremaîtres et les techniciens d'une part ($4 621 et les cadres masculins d'autre part, $7 095) sont d'environ 35%.

3. L'écart qui sépare le premier ensemble du dernier (sans tenir compte, bien entendu des revenus non déclarés des cadres) est de 62%. On voit donc que les salaires ont tendance à isoler d'un côté les agents du travail manuel et de l'autre à les séparer des salaires du travail intellectuel subordonné[15].

4. En ce qui concerne la division sexuelle du travail et les rapports salariaux, les salaires féminins représentent en général une moyenne de 60% des salaires masculins. Par ailleurs, plus la concentration féminine s'accroît dans une couche, plus l'écart tend à se réduire. Ce qui ne signifie pas, d'ailleurs, que la présence féminine élève la moyenne des salaires des femmes. C'est plutôt le mouvement inverse qui se produit : les salaires des hommes, dans ces cas, sont inférieurs, voilà comment l'écart se réduit ; c'est la *féminisation des salaires.*

5. Enfin, il serait bon de souligner la situation stratégique des travailleurs intellectuels dépossédés, situation dans la division sociale du travail qui joue ici en faveur de la bourgeoisie. Quoique exploités, ces agents ont des salaires portés vers ceux des professionnels et techniciens, productifs ou improductifs, ce qui montre que l'*aspect intellectuel de leur travail les associe aux rapports de domination.* L'on verra plus loin comment les autres aspects juridiques de leur place *consacrent* cette contradiction. Du point de vue de la composition de cette couche, qu'on se souvienne qu'on y trouve 76% d'employés de bureau (sténographes, teneurs de livres, etc.) ; les autres sont pour la plupart

---

15. Si l'on est choqué par cette affirmation que l'on retienne que l'*écart* entre intellectuels subordonnés et cadres est moindre qu'entre manuels et intellectuels.

des agents du commerce exerçant des fonctions relativement autonomes et enfin, quelques travailleurs des services qui penchent souvent du côté du travail manuel.

Enfin, j'ajouterai que d'après de récentes études[16], les inégalités entre les ouvriers, les travailleurs de bureau et les manœuvres ont légèrement diminué. Pourtant, selon Dépatie, «cette atténuation des inégalités salariales n'a pas impliqué la moindre amélioration dans la situation relative des travailleurs les plus faiblement rémunérés». Les causes de cette stabilisation résident dans la situation des entreprises où se trouvent ces travailleurs. En effet, pour traduire dans notre problématique ce que Dépatie appelle les «facteurs de disparité» des revenus, c'est-à-dire «le taux de syndicalisation, le pourcentage de femmes, la croissance de la production, l'intensité de main-d'œuvre et la taille des établissements», ou retiendra les trois derniers. Ceux-ci constituent des *indices* de la concentration du capital.

Salaires et concentration du capital

Dans les établissements qui réunissent des indices de monopolisation, on trouve des salaires supérieurs ; quand la taille des établissements diminue, les salaires augmentent plus lentement ; de la même manière, les taux de syndicalisation s'y trouvent forts et la présence de la force de travail féminine est faible ou très faible. D'autre part, les salaires sont inférieurs et augmentent lentement quand la masse de main-d'œuvre par rapport au capital fixe est forte, c'est-à-dire quand la composition organique du capital est faible et donc, la taille des établissements petite. Comme on l'a dit précédemment, les femmes sont concentrées dans les établissements aux bas salaires, c'est-à-dire aux places marquées par les critères de la non-monopolisation.

Par exemple, d'après un relevé de 1966, «plus de la moitié des travailleurs québécois rémunérés selon l'extrémité inférieure de l'échelle des salaires se trouvait dans le secteur tertiaire de l'économie, c'est-à-dire le commerce et les services de tous types. Dans le secteur secondaire (manufacturier), c'est la fabrication de vêtements qui comptait le plus fort contingent de ces travailleurs»[17]. Cette observation est vraisemblable, car dans le secteur dit «tertiai-

---

16. Raymond Dépatie, «Analyse statistique et dynamique des inégalités dans la distribution des revenus au Québec», juillet 1973 et «Augmentation du salaire minimum : implications sociales et politiques», juillet 1972, Conseil de développement social, Montréal.
17. Raymond Dépatie, «Augmentation du salaire minimum...», p. 10.

re», le commerce et les services privés sont justement les branches où l'on trouve une forte concentration de travailleurs manuels et de femmes comme les commis, colporteurs, vendeurs, pompistes, cuisiniers, barmen, blanchisseuses, coiffeuses, etc. Ces agents se trouvent en grand nombre dans des entreprises non monopolistes, et pour cette raison, *leur salaire moyen ne peut s'élever sans affaiblir ce capital autochtone.*

La même étude s'interroge, par ailleurs, sur le rapport entre le maintien de bas salaires et ce qu'elle appelle «la technologie de production». Voici ce qu'on y trouve : «La principale caractéristique des industries à bas salaires est d'être des *industries à forte intensité de main-d'œuvre,* c'est-à-dire des industries qui utilisent beaucoup de main-d'œuvre et relativement peu de capital [c'est-à-dire machinerie et équipement] pour produire. Ainsi, dans ces industries, le coût de main-d'œuvre représente une forte proportion du coût total de la production... Par exemple, toutes choses étant égales par ailleurs, une augmentation de 20% dans le niveau des salaires fera augmenter le coût total de la production [brute] d'environ 5% dans la fabrication des chaussures, une industrie à très forte intensité de main-d'œuvre, et d'environ 1% dans le raffinage du pétrole[18].»

La tendance aux bas salaires d'une branche à l'autre, autant dans la production que dans la circulation, est donc liée à la conservation des rapports non monopolistes et donc aux luttes de classes. Il est certain que ces différences salariales divisent les couches du peuple.

2.6. Les autres conditions de travail

Voyons maintenant les effets de démarcation entraînés par d'autres aspects des rapports juridiques :

XXX. CONDITIONS DE TRAVAIL DES GRANDS ENSEMBLES DU TRAVAIL EXPLOITÉ — 1969

Conditions de travail	Ensembles		
	Manuels		Intellectuels
	Productifs	Improductifs	
Durée de la semaine de travail : 40 heures * Voir l'explication à la fin du tableau.	83%*	52%*	15%*

18. Raymond Dépatie, *op. cit.,* p. 14.

Conditions de travail	Ensembles		
	Manuels		Intellectuels
	Productifs	Improductifs	
Jours fériés payés :			
travail peut être exigé	82%	71%	60%
Congés payés : trois semaines	78%	59%**	86%**
Rémunération du travail			
supplémentaire : (argent seul.)	91%	77%***	53%***
Travail par poste : régulier	77%	59%	47%
Participation aux bénéfices : possible	3%	6%	7%
Gratifications :			
par l'employeur... tout genre	10%	15%	22%
Aide à l'éducation en dehors des			
heures de travail	60%	42%	72%
Régime de pension de retraite: existe	70%	59%	86%

Source: Bureau de la Statistique du Québec, Conditions de travail au Québec pour des activités économiques choisies, *1969.*

* La proportion résiduelle travaille moins de quarante heures.
** Il s'agit ici de la durée garantie ; l'écart avec les congés de quatre semaines est plus accentué entre les employés de bureau et les ouvriers.
*** Dans ces cas, il peut être rémunéré en congé et en argent.

Il est à noter que ces conditions de travail sont données pour les principaux secteurs de l'activité économique. On y fera référence dans le texte même de l'analyse. De plus, comme on l'a dit précédemment, il est important de distinguer les conditions qui ont été introduites par les *luttes syndicales* et celles qui sont strictement déterminées par la place dans les *rapports de production*, elle-même produite par la lutte des classes.

Dans huit secteurs de la production sociale (sur 19), autour des trois quarts des travailleurs étaient soumis en 1969 à une «convention collective». Ce sont : a) 75% des ouvriers (75% dans la fabrication dont 90% dans les mines et 95% dans les transports); b) 48% des employés manuels dont 94% sont syndiqués dans les communications, 95% dans la santé et les œuvres sociales, 95% dans l'administration; c) 42% des employés de bureau dont 84% dans les transports et communications, 99% dans l'administration publique. Les autres secteurs sont syndiqués dans des proportions moindres.

Analyse des différences sociales tirées des conditions de travail

On doit poser, pour commencer, que les aspects des rapports juridiques qui sont tirés des rapports de production se distinguent pour toutes les classes sociales. En effet, toutes les classes et fractions sont déterminées par des rapports de production distincts : leurs déterminations structurelles en seront toutes également affectées, en partant de la détermination fondamentale, celle du prolétariat. Ainsi les conditions de travail des couches exploitées non productives se décrivent par comparaison avec les conditions juridiques de l'extorsion de plus-value. L'extorsion de plus-value n'est-elle pas la base même de l'antagonisme de classes du mode de production capitaliste et par là, le référent de la division sociale du travail ?

Le support matériel de la production de nouvelles valeurs, c'est le temps socialement nécessaire équivalant à la reproduction de la valeur de la force de travail. *Le facteur temps est le support central des conditions de travail de la classe ouvrière et il régit toutes les autres. À l'inverse, les conditions des travailleurs improductifs ne seront pas limitées aussi étroitement par le facteur temps.* Cette distinction, on le soupçonne, confirme largement l'appartenance de classe des travailleurs de la circulation à la petite-bourgeoisie, quoiqu'elle introduise chez eux divers *degrés de prolétarisation tirés de la place de leur procès dans la circulation du capital. Toutes les conditions juridiques de travail dans la circulation seront caractérisées par leur séparation du travail productif.* J'établirai deux tendances : une caractérisation *positive*, c'est-à-dire qui dépend du rapport d'extorsion de plus-value et une caractérisation négative tirée d'éléments secondaires pour cette extorsion. Les caractères soustraits à la contrainte de la réduction du temps social nécessaire dépendent aussi, mais sur une autre base, des victoires du mouvement ouvrier. C'est ce que je vais analyser.

Rapports juridiques actuels du prolétariat

Un premier ensemble de traits liés au rapport *temps de travail-capital* constitue le *centre* des conditions ouvrières par contraste avec celles des improductifs. Ce sont : a) la durée de la semaine qui est de 40 heures dans 93% des cas ; b) le travail les jours fériés qui peut être exigé dans 82% des cas[19] ; c) la durée moyenne des congés payés qui est de trois semaines dans 78% des cas ; d) le travail supplémentaire qui ne peut être rémunéré qu'en argent dans 91% des cas ; e) le travail par poste dans 77% des cas.

---

19. On insiste sur ce critère dans la mesure où il se distingue dans le cas des improductifs ; certes des luttes ouvrières pourraient en réduire l'application.

Par ailleurs, certains autres traits caractérisent négativement le travail productif, à savoir : a) seulement 3% des ouvriers peuvent partager les bénéfices; b) seulement 9% ont droit à diverses gratifications laissées à la discrétion du patron.

Par contre, un certain nombre d'avantages sont tirés de la négociation collective; 77% des ouvriers bénéficient de l'aide à l'éducation dans les transports, 58% dans les mines et 45% dans la fabrication; 85% des ouvriers des transports ont un régime établi de pension de retraite, 68% dans les mines et 58% dans les usines.

À l'aide de ces critères, on est à même d'établir les limites de la *prolétarisation* de certaines couches des travailleurs de la circulation.

Les rapports juridiques actuels de certaines couches petites-bourgeoises

Les informations dont on dispose portent sur les travailleurs exploités, qu'ils soient du côté du travail manuel ou intellectuel. Cela est heureux dans la mesure où les démarcations que je vais relever ne laissent pas de doute sur le fait qu'elles viennent sceller la division polico-idéologique entre travail intellectuel et travail manuel. Commençons par les *manuels* improductifs.

La prolétarisation de certaines conditions

Ainsi, la durée de la semaine de travail de ces agents est de moins de 40 heures pour près de 48% d'entre eux; le travail des manuels improductifs peut être exigé les jours fériés dans 71% des cas; la durée moyenne des congés payés est de plus de trois semaines dans 41% des cas; le travail supplémentaire peut être rémunéré autrement qu'en argent dans près de 30% des cas; enfin seulement 59% de ces employés ont régulièrement du travail par poste.

Quant aux conditions qui sont contradictoires avec l'extorsion de capital, on trouve deux fois plus de manuels improductifs qui peuvent partager les bénéfices, soit 6%[20] et autant qui ont droit à toutes sortes de gratifications soit 15%.

Quelles sont les causes qui séparent entre eux les manuels? Comment se fait-il que les uns se voient accorder de meilleures conditions que les autres? Les réponses à ces questions, je les chercherai du *côté de la syndicalisation en rapport avec chaque forme de ces rapports sociaux.*

---

20. Pour les ouvriers, il s'agit sûrement et surtout des établissements coopératifs.

La syndicalisation des manuels improductifs

Du point de vue des critères juridiques qui distinguent les manuels improductifs des conditions spécifiques des ouvriers productifs, la syndicalisation a été un facteur important. Ce qui revient à dire que ces conventions collectives ont obtenu des avantages sociaux qui les *démarquent des travailleurs productifs*. Dans l'industrie, ces conditions sont réglementées par la nécessité d'augmenter la production de plus-value. Le temps de travail ne peut être réduit qu'en rapport avec l'augmentation de la productivité. Dans la circulation, cette contrainte n'est pas déterminante. Le capitaliste certes a intérêt à ce que ses employés travaillent plus longtemps, mais les limites de cette tendance ne sont pas directement conditionnées par la loi de la valeur.

Quatre-vingt-quinze pour cent des manuels de la circulation, *dans les services sociaux*, ont une semaine de travail inférieure à quarante heures ; les congés annuels dépassent trois semaines dans les communications, les services sociaux et l'administration publique, etc.

Par contre, la syndicalisation produit aussi des *effets de prolétarisation* qui se manifestent comme suit : la durée de la semaine est uniformisée, le travail supplémentaire ne peut etre rémunéré qu'en argent, ces travailleurs ne peuvent en aucun cas participer aux bénéfices, l'employeur ne peut leur verser aucune gratification. *Dans l'ensemble, l'aspect de la prolétarisation est plus fort que dans les branches non syndiquées.*

Les manuels improductifs non syndiqués

Les secteurs visés ici sont : les services divers, les services personnels, le commerce et les finances. On sera frappé de constater qu'environ un tiers seulement des manuels de ces secteurs tirent de leur négociation individuelle des avantages significatifs. Cependant, ce facteur a une grande importance puisqu'il démontre aux agents concernés qu'il est *possible*, à l'intérieur des rapports ayant lieu dans la circulation, d'obtenir de tels avantages. Par contre, cette incidence fait ressortir aussi que la convention collective des employés de l'État recèle des tendances contradictoires.

Dans l'ensemble, les avantages soutirés par cette fraction sont les mêmes sauf pour l'aide à l'éducation et les régimes de pension de retraite, absents de ces conditions de travail. Cependant, on conviendra qu'un bonne partie de ces tranches n'étant pas monopolisée, il est cohérent qu'on y trouve des terrains de négociation individuelle plus ouverts et d'autres, plus fermés.

Les aspects juridiques du travail intellectuel[21]

Il n'est pas étonnant que les conditions de travail des employés de bureau soient qualitativement supérieures à celles de tous les travailleurs manuels.

a)   Ainsi, à l'inverse des 48% de manuels, 78% de ces agents ont une semaine de travail de moins de quarante heures ;

b)   sauf dans les branches syndiquées, le travail peut rarement être exigé les jours fériés ;

c)   en moyenne, 72% des employés de bureau ont quatre semaines de vacances par année alors que seulement 38% des ouvriers, par exemple, ont droit à ce privilège ;

d)   quant au travail supplémentaire, 30% des employés de bureau voient celui-ci rémunéré en congés et seulement 7% en argent ;

e)   cet ensemble marque une tendance plus grande à partager les bénéfices, aspect plus manifeste dans le commerce pour 22% ;

f)   ici, le travail par poste n'existe dans une proportion significative que pour les travailleurs des secteurs syndiqués ;

g)   les gratifications de tout genre sont laissées à la discrétion de l'employeur et c'est ainsi que 46% des employés de bureau, du commerce, 32% des finances, 21% des services divers y ont droit ;

h)   enfin, quant à l'aide à l'éducation et au régime de pension de retraite, ils ont tendance à être accordés dans le premier cas aux employés de bureau de la production, et dans le second cas, à l'ensemble des secteurs, avec une préférence marquée pour les branches syndiquées.

Bref, *tous les employés du travail intellectuel subordonné sont séparés à la fois du travail productif et du travail manuel. C'est pourquoi l'on voit qu'ils sont séparés, également, des conditions principales de la prolétarisation.* Il n'y a pas lieu, dans leur cas, de relever à part les avantages tirés de la négociation collective puisque c'est l'*uniformisation des avantages relatifs* qui est caractéristique.

---

21. Rappelons que dans l'étude d'où sont puisées ces données, seulement la couche des employés de bureau compose le travail intellectuel ; il s'agit donc, en gros, de travaux d'exécution.

2.9. Vue d'ensemble des contradictions juridiques

Les conditions juridiques de travail de chaque couche des classes dominées prennent donc leur unité de la division sociale. Certes, d'importantes victoires sont acquises par de dures luttes syndicales. Cependant, ces victoires se situent à l'intérieur des rapports qui distinguent productifs et improductifs d'un côté, manuels et intellectuels de l'autre. *Le temps socialement nécessaire* (c'est-à-dire à cette époque-ci au Québec) à la reproduction de la force de travail est le critère de base déterminant la plupart des conditions ouvrières, dans un premier temps, ensuite, en respectant les frontières posées par la division sociale, celles des fractions dominées de la petite-bourgeoisie.

Les résultats globaux de ces contradictions, les dernières que j'étudierai, se présenteraient comme suit : 1) Le prolétariat est formé d'un ensemble d'agents exploités, du point de vue juridique, par des conditions spécifiques. Elles se résument à cinq et elles sont commandées par le rapport de production du travail *productif* : la durée de la semaine de travail est déterminée socialement et elle affecte tous les ouvriers productifs (en 1969, elle était donc de quarante heures) ; le travail productif peut être exigé en tout temps, y compris les jours fériés ; les congés annuels payés sont réglementés et maintenus dans des limites minimales ; tout travail productif est régulièrement affecté par poste. Cela entraîne, d'une manière négative, que les agents du travail productif ne peuvent partager les bénéfices puisqu'ils sont opposés directement au Capital et ne jouissent pas de «gratifications» autres que monétaires.

2) La situation du travail improductif est plus complexe ; elle se divise pour l'instant en *trois fractions* : les manuels d'établissements concentrés, les manuels d'établissements non concentrés, et les employés de bureau subordonnés. Quant à la première fraction, c'est le cas surtout de certains secteurs étatisés, comme les services sociaux. La fonction économique de l'État monopoliste, de plus, vient accroître les exigences de concentration des services publics commandés par l'accumulation. C'est pourquoi se trouvent, au sein du travail improductif, comme on l'a vu précédemment, des secteurs massivement concentrés comme l'administration publique, les communications, les services sociaux qui sont régis plus étroitement par les contradictions au sein du capital productif. C'est ainsi que l'on trouve des rapports juridiques davantage *prolétarisés* dans ces secteurs, tendance tirant ses traits, bien entendu, des conditions prolétariennes.

On trouve encore, et paradoxalement, dans le travail manuel improductif, un nombre important de branches et d'*unités de production séparées*. Il s'agit de branches où le capital-argent n'est pas encore concentré. Dans ces secteurs, les rapports juridiques *ont tendance à s'écarter* des conditions sociales de travail du prolétariat par le simple fait qu'elles ne commandent pas, dans ce cas, les conditions établies socialement. Ces rapports séparent et affaiblissent les travailleurs manuels improductifs. En effet, la force de travail manuelle y est moins concentrée, ce qui entraîne toute une série d'effets sur le procès de travail ; ces conditions objectives des rapports sociaux, en même temps qu'elles s'appuient sur un faible degré de socialisation, freinent le processus de prolétarisation de ces branches en y maintenant des divisions et des aspirations plus marquées par l'individualisme petit-bourgeois. Les employés manuels de ces branches de la circulation constituent, au sein du travail improductif, la charnière entre la couche dont les rapports juridiques de travail constituent un important support de leur prolétarisation (manuels des secteurs étatiques) et l'ensemble des agents subordonnés du travail intellectuel, ceux-ci se trouvant, de par la division sociale du travail, dans des rapports juridiques encore plus éloignés du prolétariat. Tant que le commerce et les services privés demeureront dominés par des rapports non monopolistes, les agents exploités de ces branches se trouveront dans des rapports *contradictoires*, c'est-à-dire qu'ils subiront directement dans leur travail les effets de la lutte entre les fractions du Capital et seront, pour cette raison, durement exploités, en même temps que le Capital se servira de cette situation pour entretenir chez eux le support de la négociation individuelle, situation que confirme leur refus de syndicalisation. Tout compte fait, la masse des employés manuels de ces branches trouve avantage à cette situation que seule la socialisation massive des forces productives et la concentration sociale pourra déloger.

Le résultat global est donc une division sociale et juridique entre les *manuels prolétarisés des unités socialisées ou étatisées* et les agents relativement soustraits à cette polarisation, soit *les manuels des services concurrentiels*. Dans ce dernier cas, on trouve certes de nombreux travailleurs durement exploités, et parfois même au-delà des conditions sociales admises pour le prolétariat mais ce qui prévaut, c'est la tendance dominante, dans ces établissements, à définir individuellement les conditions de l'exploitation, ce qui constitue une pratique petite-bourgeoisie. Ce fait n'empêche pas ces agents de constituer la base objective d'une *tendance* à la prolétarisation par l'absorption du capital non monopoliste et la dominance du travail manuel.

Quant au *travail intellectuel subordonné*, les conditions juridiques de son rendement sont différentes, et cela entraîne *une place qualitativement distincte*. La séparation entre travail intellectuel et travail manuel est à la source de cette différence. *Les rapports juridiques des employés du travail intellectuel reflètent les contradictions de la division sociale du travail* et contribuent largement à maintenir l'écart *entre les manuels improductifs et le prolétariat lui-même.*

Bref, en ce qui concerne les deux ensembles du travail improductif, chacun d'eux se trouve nettement séparé, *à sa manière*, du travail productif. Le premier ensemble, le travail manuel, l'est du fait des divisions structurelles qui s'y maintiennent. Le travail manuel improductif conserve des différentes dans les rapports juridiques faisant échapper une partie de ces agents à la prolétarisation. Cependant, cette séparation pourra se modifier, sous l'effet de la concentration de tous les secteurs de la circulation et ainsi, ranger la masse de ces manuels, vers les conditions prolétaires du travail. Le second ensemble improductif, les employés subordonnés du travail intellectuel, est séparé du travail productif comme du travail manuel. Cependant, il demeure plus proche des manuels de la circulation du fait de la nature des facteurs qui l'en sépare.

Les modifications des rapports de production du stade actuel vers leur socialisation massive n'affecteront en rien la division qui sépare le travail intellectuel du travail manuel, division sociale qui demeurera tant que demeurera le capitalisme. *Seules peuvent s'étendre les bases de prolétarisation du travail improductif.* C'est d'ailleurs ce qui tend à s'opérer dans un processus non linéaire de conservation des frontières internes au sein de la petite-bourgeoisie. Il me semblerait intéressant de présenter maintenant la synthèse des contradictions structurelles secondaires dans chacune des classes sociales québécoises. Ensuite on sera à même de voir la synthèse de tous les rapports de classes au Québec.

3. Synthèse

1. *Divisions au sein de la bourgeoisie*

1.1. Les oppositions structurelles entre le capital productif étranger et canadien-français indiquent un écart important.

1.2. Près du tiers des rapports monopolistes du capital canadien-anglais sont dans des secteurs improductifs.

1.3. Les deux tiers du capital improductif ne sont pas monopolisés et près de la moitié de cette proportion relève de la bourgeoisie québécoise francophone.

1.4. Le capital canadien-anglais, quoique structurellement défini par les traits du capital monopoliste étranger, recouvre aussi des secteurs dont la concentration n'a pas encore eu lieu.

1.5. La spécialisation des capitalistes canadiens-français est absolue dans le bois, le cuir, les aliments, l'imprimerie, les produits métalliques et le meuble.

1.6. Les capitalistes canadiens-anglais dominent dans des branches associées aux deux fractions du Capital : le vêtement, le textile, l'imprimerie, les boissons, les appareils électriques et les pâtes et papier.

1.7. Le capital étranger monopolise les branches les plus productives : le pétrole, le matériel de transport, les produits chimiques, la machinerie, le caoutchouc, le tabac et les produits minéraux non métalliques.

2. *Divisions au sein du prolétariat*

2.1. La division du travail au sein de la classe ouvrière s'effectue autour du mouvement qualification/déqualification, par le procès d'automatisation qui constitue un procès d'assimilation ou de transfert de la qualification du travail vivant au travail mort, un procès d'absorption du travail simple par le travail complexe ;
a) le principal ensemble (en terme qualitatif) est soumis aux deux aspects;
b) les agents exploités sous la forme de la plus-value relative occupent la première place sous cet aspect ;
c) ce procès s'opère là où le capital est concentré.

2.2. La fraction principale parmi les ouvriers productifs est tendanciellement portée vers la couche du travail en voie de déqualification au sein des entreprises monopolisées. Cette couche est étroitement associée aux manœuvres ou ouvriers non spécialisés et aux ouvriers déjà qualifiés des autres secteurs.

2.3. La division du travail au sein des ouvriers productifs est un procès de conservation/dissolution du travail qualifié, à diverses tendances, dont la principale est la déqualification vers le travail manuel.

2.4. Pour désigner les couches du prolétariat, on retient :
a) que le travail déqualifié est un aspect du procès de socialisation;
b) que le travail déqualifié a le primat sur le travail qualifié ;
c) comme le travail socialisé sur le travail parcellaire.

2.5. De par les effets de la division capitaliste du travail, les couches au sein du prolétariat sont :

  a) le travail déqualifié socialisé ou en voie de socialisation ; c'est l'absorption massive vers le bas ;

  b) le travail déqualifié parcellaire qui se prolonge au sein des entreprises monopolistes et non monopolistes ; c'est l'absorption massive vers le bas ou la dissolution ;

  c) le travail déqualifié parcellaire non monopoliste ; c'est aussi l'absorption massive vers le bas ou la dissolution ;

  d) le travail qualifié parcellaire non monopoliste ; c'est la conservation vers le haut ou l'absorption vers le bas ;

  e) le travail qualifié socialisé monopoliste ou en voie de monopolisation ; c'est la conservation vers le haut et la base de l'aristocratie ouvrière par le biais d'un certain savoir pratique, relais des rapports de domination/subordination dans la classe ouvrière.

2.6. Le procès extensif d'exploitation opère surtout par le biais de la conservation du travail qualifié.

2.7. Les agents de la plus-value relative forment une combinaison de travail qualifié/déqualifié sous le procès dominant de déqualification.

2.8. Les entreprises non monopolistes sont plus vulnérables quant aux formes des contradictions internes du capitalisme dans la mesure où elles sont soumises aux nécessités coercitives du capital monopoliste.

2.9. Quatre-vingts pour cent des femmes associées au travail social productif sont affectées au travail déqualifié ; pour les hommes, cette proportion est de 51%.

2.10. Dans le textile, la bonneterie et le vêtement, les femmes représentent près des deux tiers de la force de travail productive.

2.11. Soixante-sept pour cent des femmes ouvrières déqualifiées sont dans des procès non monopolistes.

2.12. Si les femmes ont accès au travail productif qualifié, elles ont alors un salaire de manœuvre, c'est-à-dire d'ouvrier déqualifié ; la place des femmes du côté du Travail est sans cesse portée vers le bas.

2.13. En général, le salaire des femmes ouvrières est égal à soixante pour cent (60%) de celui des hommes.

3. *Division au sein de la petite-bourgeoisie*

3.1. Au Québec, les trois quarts des travailleurs manuels improductifs sont rémunérés aux mêmes salaires que les ouvriers.

3.2. L'écart salarial qui sépare les employés manuels des employés du travail intellectuel est plus grand que celui de ces derniers avec les agents de l'instance subalterne de la direction capitaliste.

3.3. L'écart salarial entre l'ensemble du travail manuel improductif et l'ensemble du travail intellectuel est de 38%.

3.4. Les travailleurs manuels improductifs sont dans des formes de rapports qui apparentent leurs conditions de travail à celles des ouvriers : il représentent 48% des salariés improductifs et 7,7% de toute la population en âge du travailler.

3.5. Les employés de bureau subalternes sont caractérisés par l'unité relative qui les sépare du travailleur collectif.

3.6. L'aspect principal de leur détermination est qu'il se rangent du côté du travail intellectuel et non pas qu'ils exécutent des travaux.

3.7. Le faible écart de salaires entre les employés du travail intellectuel et les agents des rapports d'autorité tend à assimiler la place du travail intellectuel d'exécution à la place des rapports de domination.

3.8. La division capitaliste du travail se sert du travail intellectuel pour créer l'illusion chez ses porteurs que quelque soit leur degré d'exploitation, il se rangent du même côté que les porteurs réels des rapports de domination.

3.9. Tous les employés du travail intellectuel subordonné sont séparés du travail productif et du travail manuel, et au niveau juridique, sont séparés de toutes les conditions de la prolétarisation.

3.10. La réduction du temps social nécessaire est le support abstrait des conditions du travail exploité, productif et improductif; cette réduction a pour principal support le travail manuel.

3.11. Quant à la division du travail du côté des instances subordonnées du Capital, la proportion récipropre de contremaître et de travailleurs scientifiques dépend directement des transformations des rapports de production, du processus de concentration et de ses modalités.

3.12. Les techniciens et les contremaîtres forment un couple : ils sont associés aux mouvements au sein des rapports de production du stade monopoliste ; la présence des techniciens dans les branches monopolistes signifie réduction du capital constant et augmentation de la plus-value relative ; inversement, une forte proportion de contremaître est un indice que l'exploitation revêt un caractère extensif aussi bien qu'intensif.

3.13. La présence des contremaîtres est un corrolaire de la séparation des unités et accompagne la présence des capitalistes de la fraction non monopoliste dans la branche ; inversement, la présence des techniciens est un corrolaire de la séparation entre la propriété économique, la possession et d'une forte concentration des agents de cette dernière.

3.14. La répartition proportionnelle des techniciens et des contremaîtres dans une branche est un indice de la dominance de l'exploitation extensive ou intensive.

3.15. Les branches dans lesquelles la direction immédiate du procès de travail contient une part très élevée de travailleurs scientifiques se répartissent une proportion relativement moindre d'ouvriers (par exemple, on trouvera dans un cas 42% des agents du côté du Capital pour 21,4% des ouvriers).

3.16. Plus le savoir est spécialisé, plus il *tient lieu* du savoir de classe et il situe ses agents dans un rapport d'*association* au savoir de classe auquel ceux-ci s'identifient ; plus le savoir est général plus il se rapproche du savoir de classe et situe ses agents du côté de la direction de classe.

3.17. Les femmes représentent 46% de tout le travail improductif.

3.18. La division travail intellectuel/travail manuel a le primat sur la division sexuelle ; elle assigne un nombre important de femmes du côté du travail intellectuel.

3.19. L'assignation des femmes à des rapports de domination signifie le renforcement de la division sexuelle du travail puisqu'elles y servent à inculquer des rapports politico-idéologiques de subordination.

3.20. On trouve la plus grande concentration de femmes dans la fraction prolétarisée de la petite-bourgeoisie ; près du tiers d'entre elles en sont pourtant séparées.

3.21. Le travail féminin concentré dans les couches du travail manuel est un facteur objectif de la prolétarisation de ces couches.

3.22.   Le salaire des femmes employées du travail intellectuel et des techniciennes est à peu près celui des hommes du travail manuel.

3.23.   Plus la concentration des femmes augmente dans une couche, plus l'écart salarial entre hommes et femmes diminue : ce ne sont pas les salaires féminins qui augmentent mais les salaires masculins qui baissent.

4. Classes et fractions

4.1. Synthèse des rapports de classe

J'ai parlé de ce qui pose les limites entre chacune des classes sociales, puis entre les couches au sein de chaque classe. J'ai ensuite indiqué que ces premières divisions se compliquaient de quelques autres contradictions dont on a montré que les caractères du Capital, la division sexuelle du travail, représentaient des aspects importants ; ensuite on a vu que les rapports juridiques venaient sceller les grandes tendances de la division sociale du travail et confirmer les principales démarcations parmi les classes dominées. Enfin, les quelques dernières pages qui précèdent ont tenté de résumer ces contradictions d'ordre structurel.

Il me semble maintenant essentiel de disposer d'une vue d'ensemble de tous ces rapports, en sachant tenir compte, dans leur ordre qualitatif, des nombreux aspects structuraux qui ont été étudiés. C'est pourquoi la distribution quantitative des agents à ces places est secondaire.

On verra d'abord l'importance des places occupées par le capital monopoliste et non monopoliste canadien-anglais puis canadien-français, en se rappelant les grandes données de la distribution des agents de la bourgeoisie. Ensuite, on verra les critères de formation de l'unité des couches ou des fractions des autres classes.

4.2. Les places de la bourgeoisie

Selon la présence étude, les principaux angles de découpage de la bourgeoisie québécoise actuelle sont la distinction des rapports monopolistes, l'appartenance ethnique de chaque couche ainsi que l'étendue des sphères de la production et de la circulation. Bien entendu, seules les *relations* entre ces divers facteurs sont significatives. La question nationale repose, par exemple, sur les bases particulières du capital canadien-français tirées de ces recoupements. Ce sont d'ailleurs les effets de ce fractionnement sur les supports ethniques des autres classes qui portent la question nationale sur la scène politique. Je reviendrai plus loin sur ce dernier point.

Afin de parvenir à dégager les lignes de force de la bourgeoisie, voici l'articulation de ces fractions d'un point de vue structurel.

XXXI. IMPORTANCE DE CHAQUE FRACTION DE LA BOURGEOISIE

Places du CAPITAL*

Étatique**	Monopoliste				Non monopoliste			
	Étranger		Canadien-anglais				Canadien-français	
	Prod.	Circ.	Prod.	Circ.	Prod.	Circ.	Prod.	Circ.
	12%	8%	11%	19%	5,8%	8%	4%	31%
	0%	0%	13,2%	23%***	6,9%	0,6%***	4,8%	37,6%***
			36%		**16,4%**		**42,4%**	

* Cette quantificative indicative a été obtenue à partir du tableau de la page 133. Deux principales faiblesses sont à noter a) le fait que la répartition de l'emploi ici n'est pas pondérée selon l'importance de chaque secteur (à ce propos, il faudrait consulter le tableau du chapitre II) ; b) l'absence des secteurs privés des transports/communications, des pêcheries et de la construction.

** On ne peut encore comparer ce secteur au secteur privé faute de données ; on sait seulement que 10% des capitalistes sont liés à l'État.

*** En faisant abstraction de l'existence du capital étranger.

Quelques remarques sur le tableau précédent. Premièrement, il ne s'agit que d'indications très générales qui ne veulent pas démarquer les limites des fractions de classe en terme quantitatif. Ces données permettent seulement de comparer, en gros, l'importance des unes par rapport aux autres. Ensuite, il faut noter que ces approximations ont été tirées en partant de l'hypothèse que le capital canadien-français n'est pas monopoliste alors que l'on sait que dans la réalité, les Canadiens français ont atteint un degré faible de concentration dans quelques branches industrielles, dans les transports et surtout dans le secteur financier. Il en ressort que la proportion de 31% de la force de travail des établissements non monopolistes canadiens-français dans la circulation devrait être moindre, partagée avec une fraction monopoliste. Ma troisième remarque sera pour rappeler que la répartition de la force de travail sert ici d'indicateur relatif de l'importance de chaque secteur. Il est clair que la comparaison de ce critère avec d'autres, plus adéquats, permettra de délimiter les fractions plus exactement. Cependant, dans le cas présent, cet indice permet de supposer que, quant aux rapports monopolistes, non loin de 23% de la force de travail se trouve dans les établissements productifs et 27% dans la circulation ; ensuite, qu'autour de 10% se trouve dans les établissements productifs non monopolistes et un peu moins de 39% dans les services, le commerce, etc. Enfin, pour reproduire cet indice sur le capital autochtone en excluant le secteur étranger, on en a modifié la répartition en ramenant à 100% l'ensemble des fractions canadienne-anglaise et canadienne-française. Le résultat obtenu est un indice de l'*équilibre* entre ces fractions. La fraction canadienne-française, même réduite de ses éléments monopolistes, est séparée de la bourgeoisie canadienne-anglaise monopoliste. Étant donné l'interdépendance organique entre capital monopoliste et non monopoliste, on peut se demander si la fraction canadienne-anglaise non monopoliste ne s'interpose pas entre les deux autres fractions...

Quant à la distribution des capitalistes, ils représentent environ 5% de tous les résidents québécois et le dixième d'entre eux est lié aux sommets de l'État. Dans le secteur privé, 12,5% à peu près remplissent les fonctions de la propriété économique monopoliste (c'est-à-dire se trouvent sur les Conseils d'administration des sociétés mères installées au Québec) et 35%, les fonctions de la possession (en tant que «managers»). Au sein de la fraction non monopoliste, se trouvent 22% de capitalistes dans les branches productives et 30% dans la circulation. Le dernier pourcentage serait plus faible si on pouvait en éliminer la part de monopolistes canadiens-français. *En général*, les Canadiens anglais administrent le capital étranger et canadien-anglais ; les francophones, eux, sont à la direction d'entreprises canadiennes-françaises. En résumé, la répartition des *agents* aux places du Capital monopoliste et non monopoliste est en proportion à peu près semblable. Du point de vue des *places*, le capital monopoliste est plus important mais cette frontière, se situant autour des deux tiers des procès de production, ne peut être établie avec certitude.

4.3. Les places de la classe ouvrière

Cette partie sera plus brève, nos recoupements étant moins complexes. Les critères retenus ont été l'articulation entre le mouvement déqualification/qualification et les rapports monopolistes. Première remarque : la classe ouvrière est divisée par les contradictions du procès de concentration mais ce seul résultat ne permet pas de conclure à un fractionnement. On parlera plutôt de *couches de la classe ouvrière* laissant à des études plus poussées le soin de dégager des fractions. La composition de chacune de ces couches suivra les tendances suivantes.

A)   La première couche, c'est-à-dire celle qui est en mesure de réaliser l'unité de la classe ouvrière et en représente en quelque sorte le maillon faible, au stade actuel, sera composée de tous les agents soumis à la fois *aux deux aspects* du procès de conservation-dissolution du travail qualifié sous la dominance de la dissolution. Ce sont les agents dont le procès de travail est commandé par l'intensification de l'exploitation. Cet ensemble se composera de tous les agents dont la *déqualification du travail* est le support principal de l'extraction de plus-value relative, entendu que cette déqualification est combinée aussi au rendement absolu d'un surproduit. *Les agents soumis à la production intensive de surtravail occupent donc la première place du fait que leur travail s'opère dans des procès qui recouvrent du travail qualifié et du travail déqualifié.* Ce procès à tendance à dominer dans les entreprises monopolistes.

B)   Ce premier point ne signifie pas, cependant, que tous les ouvriers non qualifiés, les manœuvres, et les ouvriers spécialisés (appellation qui recouvre justement une couche d'agents non spécialisés) représentent, comme ensemble séparé, la couche principale du travailleur collectif. Car d'une part, parmi eux, se trouvent des manœuvres étroitement associés au travail qualifié, aux ouvriers de métier des procès non monopolistes.

C)   C'est pourquoi on dira que les rangs objectivement les plus avancés au sein des agents de la classe ouvrière sont formés de la masse des ouvriers soumis socialement au procès complexe de déqualification du travail vivant et d'absorption du travail manuel vivant vers le travail mort, procès qui s'opère *là où le capital est concentré*, là où il est *monopolisé*. La fraction principale au sein des ouvriers productifs est donc tendanciellement portée vers la *couche du travail en voie de déqualification parmi les entreprises monopolisées*, cette couche étant étroitement *associée* aux manœuvres, aux ouvriers non spécialisés et aux ouvriers déjà déqualifiés des autres secteurs.

Les diverses couches au sein de la classe ouvrière sont donc relativement séparées à partir d'*un double procès* : le travail *déqualifié* a le primat sur le travail qualifié d'une part, et le travail *socialisé* a le primat sur le travail parcellaire d'autre part. Ces deux procès *s'articulent* l'un sur l'autre et c'est leur concentration dans un premier ensemble qui en fait la couche principale du stade monopoliste. Les autres mouvements de conservation-dissolution du travail qualifié et du travail parcellaire caractérisent les autres couches en allant du bas vers le haut, jusqu'à l'aristocration ouvrière.

Les couches de la classe ouvrière

1.   Le travail *déqualifié et socialisé* ainsi que le travail *en voie de* déqualification des entreprises monopolisées (ou étatisées) ou en voie de monopolisation. C'est l'absorption massive vers le bas et la couche principale.

2. Le travail *déqualifié parcellaire* des entreprises non monopolistes. C'est l'absorption massive vers le bas (ou le chômage...).

3. Le travail *qualifié parcellaire* des entreprises non monopolistes. C'est la conservation vers le haut ou l'absorption vers le bas.

4. Le travail *qualifié socialisé* des entreprises monopolisées ou en voie de monopolisation. C'est la conservation vers le haut et la base structurelle de l'*aristocratie ouvrière*. Cette couche tout en étant séparée du travail intellectuel, est tout de même portée par un certain savoir technique et pratique[22].

Sous toute réserve, la répartition approximative des tendances actuelles de divisions de la classe ouvrière serait la suivante :

1. Couche principale – maillon faible :
déqualification du travail et rapports monopolistes :
   a) travail déqualifié monopoliste   7%[23]
   b) travail déqualifié non monopoliste   6%
   (avec forte concentration de femmes)

2. Couche contradictoire – portée soit
vers la déqualification soit vers la conservation :
   a) travail qualifié non monopoliste   4%

3. Support de l'aristocratie ouvrière dans
les rapports politico-idéologiques :
   a) travail qualifié monopoliste   5%

Quelques mots sur la signification de cette distribution. On a insisté beaucoup sur l'objet de ce travail, *à savoir la définition de chaque classe en lutte* au Québec. Le cas de la classe ouvrière illustre très justement le problème que soulève cet objet. En effet, les divisions dégagées ont une signification théorique par rapport au prolétariat actuel, ce qui veut dire que les luttes de classes, pour des raisons historiques ou conjoncturelles, peuvent être portées à l'avant-scène par d'autres éléments que la couche principale. Il en va de même pour la définition du «support de l'aristocratie ouvrière», couche se

---

22. C'est là qu'on voit avec justesse que l'aristocratie ouvrière est dominée comme couche, par les rapports idéologiques au sein du prolétariat. Le travail qualifié, référence au savoir est *une* base (non pas la base) de ces rapports bourgeois. Comme le dit justement Poulantzas dans «Fascisme dictature» (p. 196), cette fraction est le «relais» de ces rapports.
23. Ces proportions sont reliées à tous les agents de la structure.

dessinant aussi dans la lutte des classes. Il n'est pas dit que tous les travailleurs qualifiés des entreprises monopolistes appartiennent à l'aristocratie ouvrière : on veut plutôt indiquer que pour des raisons structurelles déjà exposées, *il y a de fortes possibilités pour que l'aristocratie se recrute davantage* dans les rangs du travail qualifié socialisé.

4.4. Les places de la nouvelle petite-bourgeoisie

Pour dégager les fractions de cette classe, on réunira quatre aspects de la division en classes : le travail intellectuel et le travail manuel, les établissements monopolistes, étatiques ou non monopolistes, la féminisation de certaines couches, et l'unité des conditions juridiques de travail. Le résultat de la combinaison de ces critères sur les couches les constituera en fractions dans la mesure où des contradictions internes caractérisent la petite-bourgeoisie, et comportent des intérêts opposés qui se manifestent dans la lutte des classes.

Les fractions de la nouvelle petite-bourgeoisie

1. Fraction prolétarisée, polarisée vers la
   classe ouvrière et fortement féminisée :

   a) travail manuel des entreprises monopolisées
   ou étatisées
   b) travail manuel non monopolisé, non syndiqué ;
   dans l'ensemble ce sont les travailleurs des
   services, du commerce où l'on retrouve une
   forte présence féminine ;   7,7%

2. Fraction intellectuelle : subordonnée

   a) femmes du travail intellectuel subordonné sans
   distinction entre les secteurs (se trouvent à la
   limite de la prolétarisation[24])
   b) autres employés subordonnés ;   6,1%

3. Fraction dominante : rapports de domination :

   a) contremaîtres
   b) techniciens
   c) professionnels[25]   8,4%

---

24. Une partie des employés de bureau a été incorporée au travail manuel.
25. Une partie des professionnels se tient à la frange de la bourgeoisie (environ 3,7%).

Mes remarques sont les suivantes. Premièrement, dans le cas de la petite-bourgeoisie, la division entre travail intellectuel/travail manuel comme rapport social de domination/subordination a le *primat sur les autres divisions* : les distinctions juridiques ont démontré que le travail intellectuel était qualitativement séparé des conditions du travail manuel.

C'est pourquoi la fraction dominante réunit sur un même pied les travailleurs des établissements concentrés ou non. La syndicalisation d'une proportion de ceux-ci s'articule à la situation globale de chacune de ces fractions. La fraction dominante affiche d'ailleurs une unité juridique frappante. C'est pourquoi la présence féminine parmi les professionnels et techniciens en tant qu'enseignantes, infirmières, etc. s'articule à la division sociale et s'analyse surtout en tenant compte de l'ensemble de la division sexuelle du travail. Ma deuxième remarque est pour rappeler la démarcation au sein du travail manuel qu'introduit l'ensemble des rapports noués dans les établissements monopolisés ou étatisés ainsi que massivement syndiqués[25]. Un travail d'unification de cette fraction est indispensable.

En résumé voici un tableau global des démarcations entre toutes les fractions des classes dominées.

4.5. L'ensemble

XXXII.   RAPPORTS ENTRE FRACTIONS DES CLASSES DOMINÉES

Classe ouvrière	Nouvelle petite-bourgeoisie	Petite-bourgeoisie traditionnelle	
Déqualifié monopoliste	Manuel mono et étatique	Travail indépendant (journalier)	Femmes d'ouvriers
Déqualifié non monopoliste	Manuel non mono		Femmes d'employés manuels
Qualifié non monopoliste	Intellectuel subordonné	Petits propriétaires	Femmes d'employés intellectuels et de petits propriétaires
Qualifié monopoliste (aristo-ouvrière)	Contremaîtres Techniciens Professionnels		Femmes des contremaîtres, techniciens et professionnels
SALARIÉS		NON SALARIÉS	

25. Il s'agit d'ailleurs ici de l'action du Front commun.

En regardant le tableau qui précède, il est possible de percevoir les dimensions politiques qui nouent les rapports entre ces classes. C'est à dessein que ces fractionnements ne sont pas quantifiés. L'exposé qui précède contient en germe les principaux axes du problème. C'est maintenant qu'on peut ouvrir les principales voies de l'interprétation pour la lutte des classes. *La question nationale*, par exemple, qui n'a pas été traitée du point de vue de l'identification ethnique des agents de chaque classe dominée, et cela pour des raisons qui sont de l'ordre de la problématique, sera maintenant reprise dans son contexte politique.

CONCLUSION

Les classes sociales n'existent que dans la *lutte* des classes. L'exposé que je viens de faire visait à isoler un aspect de la lutte des classes, soit la connaissance des éléments qui séparent entre eux tous les agents d'une société donnée et qui fondent la divergence de leurs intérêts dans les luttes. Plutôt que d'analyser des manifestations de ces luttes, j'ai préféré présenter la structure des classes et des fractions qui constituent le support *objectif* de ces luttes.

Il est maintenant temps de conclure. À mon avis, trois ordres de réflexion donnent suite aux résultats sommaires qui ont été ici élaborés. Le premier champ de réflexion offert par une étude concrète s'ouvre, outre sur le cas en question, sur *les éléments théoriques* contenus dans ce réel. En effet, la théorie s'enrichit du plus concret ; c'est donc à travers la connaissance concrète que la théorie des classes sociales *actuelles* se développe. Quelques questions sont soulevées dans ce texte et j'aimerais les joindre au débat actuel sur les classes. Les deuxième et troisième champs de réflexion concernent le politique. À l'état de présentation figée de la structure, les formes de la division sociale du travail ne fournissent pas, d'elles-mêmes, de vision claire de leurs effets dans la pratique. Les *recoupements* qui s'effectuent, dans la réalité, les tendances à la polarisation de certains ensembles et surtout, *les processus de fusion politique qui risquent de s'opérer* restent à dégager. Enfin, il me semble que davantage encore se glissent en arrière-pensée les questions relatives à l'organisation du mouvement ouvrier québécois. C'est là un ensemble des préoccupations sur lesquelles il ne saurait y avoir, d'ailleurs, de conclusion véritable.

Du point de vue de la théorie, la présente analyse concrète a permis de souligner le bien fondé de quelques-unes des thèses présentes sur la division sociale du stade actuel et de consolider quelques-unes des propositions avancées. Cependant, l'essentiel a résidé, selon moi, dans la position des limites structurelles des phénomènes politiques québécois. Avant de pousser plus avant mes réflexions à ce propos, j'aimerais revenir sur les problèmes théoriques soulevés dans le concret et qui s'imposent plus comme *questions à poursuivre* que comme énoncés définitifs.

Les points saillants qui se sont dégagés de la présente problématique sur les formes concrètes de la division sociale actuelle sont, à mon avis, au nombre de cinq. Toujours, il s'agit de s'entendre sur les *fondements de la lutte des classes*. Mon analyse représente certes une prise de parti à cet égard.

Préoccupée d'endiguer dans leurs racines politiques les courants réformistes qui tentent d'envahir les analyses de classes, il est clair que mon objectif est d'étayer des arguments à l'appui des thèses que j'avance. La principale, faut-il le rappeler, est que le stade monopoliste actuel introduit plus que jamais des seuils de démarcation au sein de toutes les couches du travail, démarcations qui agissent dans les luttes économiques, juridiques, politiques et idéologiques. Ces multiples divisions, parce que volontairement négligées ou encore ignorées, par défaut, induisent souvent les organisations politiques dans des voies précaires et limitées.

Les divisions objectives au sein de la classe ouvrière elle-même représentent un premier écueil dans ce débat. Selon mon exposé, les bases matérielles et sociales, dans le procès de production, où se manifeste le mouvement particulier d'*intensification de l'exploitation* condensent les points de repère de la division en couches (et peut-être en fractions) au sein du prolétariat. Qu'est-ce-à-dire? Que la classe ouvrière est divisée à partir du mouvement de *déqualification* du travail, mouvement prenant lieu au cœur de l'*intensification*. En conséquence, on a posé que les entreprises monopolistes cristallisent cette tendance. Le mouvement qui anime le prolétariat actuel serait donc dominé par la déqualification dans les rapports monopolistes en même temps que marqué par une conservation relative du travail qualifié dans les mêmes rapports. On trouve donc un vaste mouvement de déqualification qui place ses supports à l'*avant*-scène *objective* de la classe ouvrière; en contrepoint, on trouve les bases d'un travail qualifié exprimant la politique de la bourgeoisie de division de la classe ouvrière. Paradoxalement, il est vrai, ce mouvement structurel ne recoupe pas les forces d'avant-garde des luttes ouvrières actuelles. En effet, jusqu'à maintenant l'aristocratie ouvrière, la bureaucratie syndicale aussi bien que plusieurs des militants politiques originent du travail qualifié. N'est-il pas vrai que c'est dans les rangs du travail qualifié que se recrutent la plupart du temps les délégués syndicaux et souvent les cadres politiques? Quelle signification donner à cette contradiction? La réponse à ce problème réside, à mon avis, dans la capacité future des organisations de la classe ouvrière de susciter l'éveil politique parmi les masses de travailleurs soumis au procès historique de *déqualification*, d'une part, et d'autre part, dans le lent procès interne de transformation structurelle de la classe ouvrière tout entière par rapport à ce mouvement. Il s'agirait de la fusion des processus objectif et subjectif. À cet égard, il m'apparaît que le mouvement historique qui traverse le prolétariat actuel amènera les travailleurs de métier à céder le pas devant la force profonde que représentera de plus en plus le mouvement de déqualification. C'est d'ailleurs à partir de cette hypothèse qu'il m'a semblé opportun de regarder la composition de la classe ouvrière québécoise afin de situer à peu près le pourtour de chacune de ses couches.

Aux confins de ce problème s'est immédiatement posé celui de l'appartenance de classe de tous les travailleurs manuels qui ne produisent pas de capital. On a trouvé que de nombreuses frontières séparent ces places du travailleur collectif. En effet, les aspects juridiques, par exemple, viennent consolider le rapport social sous-tendu ici, soit la non production de plus-value. Dans la réglementation de leur exploitation, les travailleurs manuels improductifs, tout en étant durement exploités, rencontrent des conditions différentes de négociation. Cependant, dans l'idéologique de leur place se confrontent *à la fois* le travail manuel et cette séparation initiale du travail productif. La *détermination* de ces agents étant *contradictoire*, il importe d'en faire une étude délicate.

Ce qui ressort surtout de l'observation concrète de ce cas litigieux, c'est le double mouvement de prolétarisation, d'une part, produit et construit autour du *travail manuel* et, d'autre part, celui de la *séparation* exprimé par la valorisation dans la pratique de ses agents, du fait de ne pas travailler en usine... Que ces travaux ne soient pas soumis aux mêmes contraintes que la production de marchandises est décisif. Ils échappent en particulier aux mesures du temps socialement nécessaire etc.; ce que les rapports politico-juridiques tendent à démontrer. Cependant, il faut faire une distinction sérieuse entre les employés manuels des établissements monopolistes ou encore des services publics et les autres à l'emploi du petit commerce, etc. Mais cette distinction n'est pas dirimante en ce sens qu'elle n'empêche pas tous les traits ci-haut mentionnés d'agir sur les deux ensembles de ces manuels.

Comment conclure? Une classification absolue reviendrait à figer le *mouvement* en tant que tel qui semble être le facteur prédominant à ce stade dans l'assignation de ces travaux. En effet, je ne crois pas à un déplacement au sens strict, du fait que ces travaux restent intrinsèquement *séparés* de la production de capital qui fonde la classe ouvrière mais, par ailleurs, je note une uniformisation de l'exploitation qui polarise vers le travail déqualifié cette fraction. Donc, les manuels improductifs ne font pas véritablement partie de la classe ouvrière mais ils viennent renforcir le mouvement de prolétarisation de la petite-bourgeoisie. Et c'est là que le problème revêt tout son sens quand on se prend à *recouper* cette tendance avec d'autres mouvements semblables dans les rapports sociaux, comme, par exemple, avec le cas des ménagères.

Le prochain thème concerne d'ailleurs la place des femmes dans la division sociale du travail. Deux conclusions seraient à retenir : la première, c'est *la subordination de la division sexuelle du travail à la division sociale actuelle* et la seconde, c'est *la séparation du travail ménager des rapports proprement capitalistes et donc de la classe ouvrière.*

La division travail intellectuel/travail manuel, par exemple, a pour effet, d'un côté, de masquer la division sexuelle en ce sens que les femmes du travail intellectuel sont dans des rapports de domination par rapport aux hommes du travail manuel. Par contre, les femmes sont socialement assignées au travail manuel productif et improductif et cette dernière couche est proprement féminisée. La division sexuelle telle qu'exposée est donc parmi d'autres un agent de reproduction des rapports sociaux capitalistes.

Quant aux *ménagères*, j'ai tenu à souligner que la classe de leur mari n'est pas le principal aspect de leur assignation de classe. Les ménagères ne sont pas déterminées socialement par la classe de quelqu'un d'autre. Elles ont leur propre pratique de classe, liée aux conditions objectives du travail familial. Je touche là, il est vrai, à la délicate question de l'articulation de rapports de production dominés aux rapports capitalistes. Mais comme il serait ambitieux de viser à résoudre ce problème dans les limites de ce travail, j'en ai élaboré une analyse encore sommaire, quitte à l'approfondir en d'autres circonstances. Cependant, je persiste dans l'opinion que les ménagères, quelque soit leurs conditions de vie, n'appartiennent pas à la classe ouvrière mais, dans la mesure où la femme est le producteur dans l'unité familiale elles appartiennent aux diverses couches de la petite-bourgeoisie traditionnelle dont la classe du mari représente un aspect de détermination secondaire, sauf dans le cas des femmes de la bourgeoisie. Pour elles, ce n'est pas davantage la classe du mari mais leur propre pratique qui fait qu'elles appartiennent aussi à la bourgeoisie, celle-ci étant de reproduire des agents de la bourgeoisie sans effectuer de travail propre.

Enfin, une autre forme de la division sociale *actuelle* a retenu mon attention : il s'agit de l'expansion du rapport techniciens/contremaîtres dans les établissements productifs monopolistes/non monopolistes. La reproduction élargie du travail intellectuel, cadres, professionnels, techniciens dans l'industrie monopoliste fournit à la petite-bourgeoisie intellectuelle une base sociale élargie de domination sur le travail manuel productif. Cette expansion s'observe par un renversement du rapport contremaître/techniciens dans les entreprises monopolistes. Quand une branche industrielle est peu concentrée, on y trouve surtout, du côté de la domination, des agents de la propriété économique et des contremaîtres. Dans les rapports monopolistes, par contre, la division du travail laisse place surtout à un large éventail de managers et de techniciens.

La signification de ces tendances structurelles s'observera dans l'analyse politique à travers des recoupements entre fractions de classes différentes. Ce sera le deuxième aspect de mes conclusions.

Dans la lutte des classes, les divisions sociales objectives se manifestent par des phénomènes de polarisation. Tout en appartenant à des classes distinctes, des couches sociales spécifiques réunies par leur degré d'exploitation se rapprochent et forment l'esquisse d'un mouvement commun. Inversement, d'autres ensembles font frein à cette tendance à l'unification et se rejoignent en des intérêts différents.

C'est cet ensemble de contradictions contenues dans la division sociale que j'aimerais maintenant dégager dans le cas du Québec.

À mon avis, pour comprendre les tendances souvent paradoxales qui s'expriment parmi les classes dominées, il faut s'arrêter à deux aspects de la connaissance des classes : le premier, aux frontières des relations qui séparent classes et fractions, le second aux éléments qui, au delà des précédentes divisions, rapprochent des couches, même de classes différentes. La conjugaison de ces deux aspects, dans chaque cas, la désignation de l'aspect principal à chaque moment donné, faciliteront l'analyse des luttes dans la conjoncture.

En général, la lecture de la scène politique québécoise frappe par l'*immobilisme* de certaines couches des classes dominées. On remarque, ainsi, que la plupart des ménagères, une proportion d'ouvriers, ainsi que de nombreux petits-bourgeois qui se trouvent dans le camp du travail intellectuel affectent des positions de classe *conservatrices*. Ces ensembles secrètent des idéologies différentes, mais ils forment tout de même un bloc dont la pratique sociale exprime plusieurs points communs.

Par contre, les mêmes classes sociales contiennent d'autres couches dont les tendances sont moins portées à la défense du système actuel. Quoique, encore là, on trouve un éventail de positions, une échelle complexe de degrés de conscience politique, la classe ouvrière (à l'exception de l'aristocratie ouvrière), les employés manuels et les ménagères de la classe ouvrière recouvrent, dans leur pratique, des conditions plus explosives de remise en question. L'ensemble conservateur contenait autour de 30% des agents de la structure sociale *actuelle* et celui-ci, environ 35%.

    Les bases sociales de l'immobilisme politique actuel sont composées, selon cette analyse, des ménagères mariées à des petits-bourgeois de la fraction intellectuelle subordonnée, aux employés du travail intellectuel, techniciens et professionnels : elles représentent 14% de la structure sociale ; des ouvriers qualifiés des entreprises monopolistes qui forment en sorte l'aristocratie ouvrière *élargie* et représentent 5% de la population totale (près du quart de la classe ouvrière), enfin, de larges secteurs du travail intellectuel salarié. L'ensemble de ces trois couches totalise environ 30% de tous les agents.

    S'ajoutent aussi aux ménagères ci-haut mentionnées, bon nombre de femmes d'ouvriers appartenant elles-mêmes à la petite-bourgeoisie traditionnelle et dont la pratique de classe du mari ne les a pas polarisées vers la classe ouvrière[1]. Quant aux ouvriers qualifiés, il s'agit là d'un cas très important. Malgré leur faiblesse numérique, les ouvriers qualifiés des entreprises monopolistes qui représentent la couche la mieux payée au sein du prolétariat ont une grande importance. En effet, combien de fois entend-on des commentaires envieux sur le sort des ouvriers et élogieux à l'endroit du capitalisme à partir d'un jugement sur le niveau de vie de cette seule couche ? Combien d'ouvriers eux-mêmes sont-ils dupes de cette politique de division de la bourgeoisie donnant lieu à des aspirations petites-bourgeoises parmi eux ? Cette proportion de 5% d'ouvriers mieux rémunérés que beaucoup d'employés du travail intellectuel forme des agents actifs du statu quo qui débordent largement leur cadre. Quant aux travailleurs intellectuels polarisés par les rapports de domination, environ 9%, il est vrai qu'on trouve parmi eux plusieurs tendances dont l'une, réunie parmi les employés d'État, est plus progressiste.

    En situation d'exiger le progrès social, on trouve 17% d'ouvriers, hommes et femmes, 7,7% d'employés manuels et environ 10% de ménagères — femmes d'ouvriers. Tous ces travailleurs qui représentent environ 35% de toute la structure sociale réunissent ensemble les *conditions objectives* les plus propices à la remise en cause véritable de leur exploitation. Pour l'instant, dans l'absence de toute organisation politique de classe, cet ensemble adopte des positions réformistes.

---

1.   Il est vraisemblable également que la position des travailleurs indépendants, journaliers, etc., rejoigne cet ensemble.

Enfin, se trouve la fraction dominante de la petite-bourgeoisie composée de professionnels, de contremaîtres, de cadres, d'intellectuels et de petits propriétaires. Dans cette fraction, des éléments plus conscients peuvent s'associer aux intérêts des couches exploitées. Encore là, la question de l'organisation politique aurait un effet de cristallisation de ces intérêts.

S'il est des divisions de toutes sortes au sein des classes dominées, il ressort qu'environ le tiers des travailleurs québécois se trouvent dans des conditions objectives de remise en cause du système ; à côté d'eux se trouve un autre tiers de travailleurs légèrement plus favorisés mais dominés par les formes diverses de la division capitaliste du travail. Cette tranchée devra se rapprocher de la classe ouvrière et de la fraction prolétarisée de la petite-bourgeoisie dans le mouvement de la lutte de classes organisée.

En opposition irréductible face à ces deux ensembles au sein du peuple se trouve la bourgeoisie. Pour saisir les conditions de l'*unification politique de ces fractions*, face à elle, il faut s'arrêter au contexte de la lutte des classes du côté du pouvoir d'État.

Voyons la situation de la bourgeoisie telle qu'elle se dessine à l'heure actuelle. Elle sera examinée brièvement sous deux angles : le bloc au pouvoir et la scène politique ou champ des luttes partisanes. Quoiqu'il serait nécessaire d'élucider l'appartenance de classe des appareils d'État, tant celle des branches de l'appareil répressif que celle de chacun des appareils idéologiques en tenant compte de la séparation entre l'espace juridique, politique et idéologique provincial et central, du fait que l'état des recherches sur les appareils d'État est encore embryonnaire au Québec on doit se contenter de souligner la nécessité de développer ce champ de recherche.

On sait, par ailleurs, que le bloc au pouvoir représente l'ensemble des fractions des classes dominantes qui, à un moment donné de la lutte des classes, forment une alliance politique et détiennent le pouvoir d'État sous la dominance d'une des fractions qui représente l'hégémonie, c'est-à-dire la capacité d'assurer la cohésion au sein de ce bloc.

De plus, on se souviendra, comme on l'a exposé dans l'introduction, que le bloc au pouvoir (et, donc, la fraction hégémonique) est relié à l'espace politique dans lequel s'affrontent les contradictions internes de l'État. Il n'y a donc pas de bloc au pouvoir québécois, mais une articulation de certaines fractions dominantes du Québec à la bourgeoisie canadienne constituant ensemble le *bloc au pouvoir de l'État canadien*. En effet, l'ensemble des conditions de reproduction du mode de production capitaliste et des rapports de classes au Québec sont liés en grande partie au rôle de l'État canadien. Il s'agit donc de savoir au moins quelles sont les fractions exclues ou associées à cette alliance canadienne.

À mon avis, et en scrutant bien les réflexions que contient le présent travail, la fraction canadienne-française de la bourgeoisie non monopoliste, indépendantiste ou non, ne fait pas partie du bloc au pouvoir canadien. Cette exclusion est par ailleurs porteuse d'importantes incidences sur la scène politique québécoise. Elle engendre aussi de multiples mésinterprétations de la question nationale dans la conscience actuelle de toutes les classes.

La participation au bloc au pouvoir repose sur des facteurs économiques et politiques. Il s'agit bien d'une alliance fondée sur des *différences*, comme la division entre capital monopoliste et non monopoliste, mais il s'agit en même temps d'une *unité* économique et politique se réalisant, par exemple, par le jeu électoral. Or le fédéralisme canadien rend très difficile à certains intérêts (québécois) cette alliance. En effet, l'histoire du Québec démontre que le nationalisme de la bourgeoisie québécoise s'est mal accommodé du jeu électoral fédéraliste et du partage des pouvoirs ; à divers moments de l'histoire, les forces sociales nationalistes de la bourgeoisie québécoise se sont manifestées avec intransigeance sur la scène provinciale. Aujourd'hui, ce sont les Parti québécois, se disant indépendantiste, et l'Union nationale, qu'on pourrait qualifier de «régionaliste[2]», qui témoignent de cette exclusion du bloc au pouvoir canadien. Une telle situation affecte directement les thèmes de la politique courante en s'accompagnant d'un vaste arsenal idéologique visant à la fois à combler et à masquer cette exclusion. De là s'élabore le projet autonomiste comme tente de se fonder le discours bourgeois nationaliste dans la conscience populaire. Pourtant, cette séparation du bloc au pouvoir, pas plus qu'elle ne fait de la bourgeoisie canadienne-française une fraction du peuple, identifie-t-elle les justes revendications de libération du peuple québécois contre l'oppression nationale canadienne aux mêmes visées que le nationalisme bourgeois.

Quant à la fraction canadienne-anglaise de la bourgeoisie non monopoliste québécoise, elle fait, elle, bel et bien partie du bloc au pouvoir canadien en se trouvant associée aux alliances politiques et aux intérêts qui régissent la domination de l'hégémonie monopoliste sur le Québec. En effet, les spécificités des contradictions de la bourgeoisie québécoise, telles que j'ai tenté de les dégager dans cette recherche, supportent de telles conclusions.

---

2.   Le congrès du P.Q. de mai 1977 a d'ailleurs été l'occasion de faire allusion aux caractères *autonomistes* rapprochant les deux partis.

De la même manière, ces caractères originaux nous indiquent que les éléments canadiens-français qui participent aux rapports monopolistes s'amalgament à ceux-ci de telle sorte que leur caractère «ethnique» ne supporte encore aucun fractionnement. Car, il est bien certain que la faiblesse du capital monopoliste canadien-français, même s'il est en expansion, incite ces capitalistes à élargir leur pouvoir économique d'une part mais ne justifie pas la constitution d'une fraction autonome d'autre part. Si les divisions ethniques *à ce niveau* peuvent servir de paravent politique, c'est avant tout le caractère monopoliste de leur détermination qui agit dans la lutte entre fractions de la bourgeoisie.

Bref, sachant que la bourgeoisie non monopoliste québécoise est elle-même séparée par rapport au bloc au pouvoir, les raisons pour lesquelles il est dans l'intérêt des éléments de ce bloc de légitimer le débat indépendantiste deviennent plus claires. Même en s'y opposant, il s'agit là d'une reconnaissance qui sert à masquer les intérêts réels qui animent les luttes de la bourgeoisie non monopoliste par rapport à l'hégémonie. Chacune des fractions canadiennes-anglaises dans cet enjeu y trouve son compte. À l'heure actuelle, la configuration des programmes et des partis politiques au Québec en tire sa cohérence.

Résumé

1) Le bloc au pouvoir se constituant au niveau canadien est composé, outre l'hégémonie monopoliste, de quelques-unes ou de toutes les fractions non monopolistes des diverses régions politiques du Canada[3], ainsi que de la fraction canadienne-anglaise de la bourgeoisie non monopoliste résidant au Québec. 2) Les éléments monopolistes canadiens-français participent à l'hégémonie de ce bloc sans en constituer une force autonome. 3) Les capitalistes concurrentiels canadiens-français (petits et moyens industriels, commerçants, etc.) sont exclus de l'alliance des classes dominantes canadiennes réalisée dans ce bloc au pouvoir. Cette fraction, sans s'allier à l'hégémonie, s'associe cependant à la domination politique de classe par ses propres organisations au niveau provincial. 4) La question de l'indépendance politique du Québec, définie jusqu'à maintenant par la bourgeoisie, est une couverture pour la lutte de la fraction canadienne-française non monopoliste contre l'hégémonie du capital monopoliste en l'occurrence canadien-anglais. L'envers de cette position est que la *reconnaissance* de la question nationale sur la scène électorale par la bourgeoisie monopoliste n'est qu'une concession idéologique déguisant les affrontements et les alliances réels.

---

3.   Une étude en cours des rapports de classes au Canada entend préciser cet énoncé.

Voyons maintenant les grandes lignes de la représentation partisane. D'abord, on remarque que les intérêts de la fraction hégémonique monopoliste sont représentés, au niveau canadien, par les Partis libéral et conservateur. Le Parti libéral du Québec, lui, remplit cette mission sur la scène provinciale. Que le personnel politique des partis, de l'appareil d'État et de la fraction qui détient le pouvoir au Québec soit francophone ne change rien à sa nature de classe. Le Parti libéral du Québec, à travers son histoire, représente le intérêts de la fraction hégémonique canadienne et les intérêts québécois du bloc au pouvoir. Par ailleurs, comme le capital monopoliste s'appuie sur la conservation de certains secteurs non monopolistes, par exemple, on trouve au sein de la politique de ce parti des éléments de soutien et de participation aux intérêts de la fraction non monopoliste. Le Parti libéral du Québec tente aussi de remplir ce rôle envers les capitalistes canadiens-français afin de rivaliser sur le terrain électoral avec les organisations politiques de cette fonction.

Quant à la scène exclusivement provinciale, la fraction canadienne-française non monopoliste a cependant ses propres organisations, indépendantiste, autonomiste, ou fédéraliste. C'est là qu'on voit surgir, disparaître, s'associer, etc., des partis tels le Parti québécois, l'Union nationale, le Parti national populaire, l'aile provinciale du Crédit social, etc. À l'heure actuelle, *l'organisation indépendantiste de cette fraction* est de loin la plus forte, traduisant, dans un projet politique plus cohérent, sa situation *d'affrontement* face à l'alliance des autres fractions dominantes. Il n'en reste pas moins que *le projet péquiste représente en même temps la politique d'une fraction de la bourgeoisie en crise avec le bloc au pouvoir.*

La situation sans précédent dans laquelle l'élection péquiste du 15 novembre 1976 a plongé le Québec est un prétexte privilégié pour vérifier et poursuivre la présente analyse. J'aimerais revenir, avant de terminer, sur quelques idées que j'ai plus ou moins développées. Le pouvoir péquiste, dans ses politiques, exprime bien la précarité de ses bases dans la bourgeoisie et du même coup, les projets contradictoires qu'il est amené à élaborer. Car la bourgeoisie non monopoliste, au stade actuel, se reproduit à travers une *imbrication extrêmement étroite* avec la capital monopoliste. C'est un premier point. Un deuxième renvoie aux conditions nécessaires pour son expansion, conditions liées à l'État et se réalisant dans un rapport de force. Or, le Québec, par le champ de juridiction provinciale, ne dispose pas des pouvoirs d'intervention requis d'une part, et la place de cette bourgeoisie québécoise dans ce rapport de force s'y harmonise difficilement d'autre part. *D'un côté comme de l'autre*, au sein du Canada et même au Québec seulement, le capital non monopoliste québécois a du chemin à parcourir. Le projet du PQ est de soutenir l'expansion de cette fraction de la bourgeoisie.

Complexe, ce problème est pourtant des plus captivants étant donné qu'il met en cause les rapports entre classes et partis, classes et État. Pour ancrer plus solidement la compréhension du P.Q., j'aimerais reprendre, rapidement il va sans dire, la question de son rapport aux classes sociales. Je rappellerai d'abord que le tracé politique d'un parti est, en dernière analyse, celui que lui insuffle les intérêts économiques et politiques de la classe ou fraction qui prévaut à sa formation. La vocation du parti, en démocratie libérale, étant d'exercer le pouvoir avec le consentement de l'électorat, son programme et ses pratiques auront du même coup des aspects populaires. Cependant, tout parti politique remplit sur la scène électorale la fonction délicate de faire légitimer par les masses les politiques qu'il avance en faveur de telle ou telle fraction du Capital. Les intérêts de la classe dominante le demandent et tout programme qui entrave la nécessaire hégémonie de ceux-ci sera vertement combattu par la force (lois répressives, etc.) et même la violence.

Le P.Q. n'échappe pas à ces données générales, dictées par les règles du jeu capitaliste. Ce parti se présente comme la volonté nationale du peuple québécois; en réalité, il est le représentant des intérêts de la bourgeoisie non monopoliste du Québec. La formation de ces intérêts en parti propre s'est réalisée grâce à des conditions qui ont précédé son actuel succès. J'aimerais les rappeler.

Il est certain qu'il serait précieux de disposer d'une analyse économique illustrant le développement historique de cette fraction. En l'absence d'une telle analyse, on peut supposer que l'émergence du P.Q. en 1968 s'est fondée sur un renforcement relatif de cette fraction depuis l'après-guerre, renforcement dont la *résistance politique* des capitalistes canadiens-français est l'aspect principal. Sous sa seule détermination économique (malgré sa faiblesse structurelle, elle, surdéterminée), détermination s'accrochant inlassablement à des velléités autonomistes de couleurs multiples, la bourgeoisie québécoise n'aurait pas fait long feu. Bien sûr, cette résistance et cette lutte représentent la conjugaison des *effets politiques et idéologiques* de la division nationale du travail au Canada *sur les pratiques économiques* de cette fraction. En effet, j'avance que *les aspects superstructuraux* de détermination de la place de cette fraction ont un *effet de domination* sur sa constitution. Seuls les aspects économiques n'auraient pas pu assurer la conservation de la bourgeoisie non monopoliste autochtone et la mener à proposer les nouvelles conditions de son développement. Ces conditions auxquelles je fait allusion ici sont le contrôle des léviers de l'État, question sur laquelle je reviendrai plus loin.

Ces intérêts, non monopolistes, traversent donc toute l'histoire de la scène politique québécoise. À un moment ou à l'autre, ils se donnent à voir en parti (U.N., P.Q.) ou en intérêts alliés (Parti libéral). La Révolution Tranquille, en l'occurrence, a provoqué, au sein du Parti libéral, l'éclatement des intérêts de cette alliance et suscité l'émergence de leur formation en parti. C'est là la deuxième condition caractérisant la nature de classe du projet péquiste. Cette deuxième condition, c'est la constitution de la bourgeoisie non monopoliste québécoise en fraction *autonome* de classe par le biais de cette formation en parti. De son existence structurelle en intérêts et pratiques économiques, juridico-politiques et idéologiques distinctifs, ce capital devient une *force sociale organisée*, produisant ses effets sur toutes les classes et sur tous les partis au Québec et même au Canada tout entier. La situation de cette fraction, ses caractéristiques internes, les lois de son développement, marquées par la dominance d'éléments politiques et idéologiques propres (oppression de la bourgeoisie centrale, contre-nationalisme régional) sont explosives. Le P.Q., avec son projet de souveraineté-association, est la mise à jour de la longue gestation d'une fraction *autonome* de la bourgeoisie canadienne. – Bref, deux conditions ont présidé à l'existence du P.Q. : 1) les effets politiques et idéologiques de la question nationale sur la constitution de classe de la fraction non monopoliste du Québec la transformant, malgré sa faiblesse économique, en force sociale et 2) l'élaboration d'intérêts politiques propres se traduisant par l'impérieuse nécessité de contrôler les leviers de l'État. Le P.Q. s'est fondé sur la fusion de ces deux conditions.

Ces intérêts, par leur formation en parti, ont ainsi donné à cette fraction québécoise son caractère tout en lui ménageant pour tâche de «pactiser» avec les multiples autres intérêts contradictoires des classes «électrices». Plus encore, le «règne» de cette fraction sur la scène politique s'accomplissant en même temps que l'*hégémonie monopoliste* sur la bourgeoisie, celle-ci reliée au pouvoir d'État de la formation sociale, la tâche péquiste en sera profondément polarisée.

L'étude réfléchie de chacune des politiques mises de l'avant sous le règne péquiste témoignera des mouvements internes de ce rapport de force. En fait, toutes les avancées du P.Q. seront dictées par la dynamique pouvoir central/pouvoir provincial. Comme on l'a dit, qu'est-ce donc que le programme «souveraineté-association», si ce n'est quelques réformes sociales cautionnant la récupération des pouvoirs d'intervention de l'État en fonction du développement du Capital? En d'autres mots, par la souveraineté, la bourgeoisie non monopoliste canadienne-française veut définir elle-même les règles de son interdépendance avec le capital monopoliste d'une part et progressivement, s'ouvrir les voies d'une expansion qualitative d'autre part. On voit bien que les politiques d'un parti ne s'analysent pas seulement quant aux caractères des *agents* qui le composent mais surtout *par son rapport aux places de classes* de la structure qu'il comble ou vise à combler. Ainsi, les analyses expliquant le P.Q. par sa composition dite «technocratique» conduisent à toutes sortes de méprises simplificatrices et évacuent le problème des luttes au sein de l'État et, indirectement, du fédéralisme canadien. En deux mots, faut-il se rappeler que l'élargissement du rôle de l'État par les interventions actuelles de son appareil dans tous les secteurs économiques, politiques et idéologiques est commandé par la lutte des classes. En effet, ces interventions économiques et sociales sont engendrées par l'accumulation des richesses. L'État, par les instances de son appareil politique, *légifère* afin de pallier aux difficultés du Capital. Dans ce sens, on sait que ces politiques sont les formes des contre-tendances à la baisse du taux de profit, une baisse qui est elle-même figure de la lutte des classes ou des rapports sociaux. Les législations contre-tendancielles par rapport aux contradictions du Capital représentent donc un palier essentiel de l'État.

Dans ce sens, le partage juridique des pouvoirs de l'État canadien entre le fédéral et les provinces affecte les conditions de reproduction des diverses fractions de la bourgeoisie canadienne. D'une main, à Ottawa, le pouvoir central a pour aspect principal d'administrer et de sanctionner les conditions de reproduction de l'hégémonie du capital monopoliste ; de l'autre main, les pouvoirs provinciaux fournissent les éléments de reproduction des forces régionales. Le développement du capitalisme au Canada y trouve son comble : tensions sociales et difficultés politiques.

Un des éléments prédominants de cette conjugaison de conflits repose dans la «question nationale québécoise», qui est, en fait, un aspect de la crise du fédéralisme canadien, maillon faible dans la chaîne des rapports sociaux du Canada.

La crise du fédéralisme canadien, c'est au Canada, la forme particulière de *la crise de l'État*. Pour la bourgeoisie, le réaménagement des rapports centre/régions au Canada est la seule *issue* à cette crise. En effet, déclenchée par l'agressivité de la fraction non monopoliste québécoise, le mouvement de revendication autonomiste des provinces s'est accru. En revanche, il suscite un accroissement du contrôle central auquel les ripostes fusent de toute part. La crise du fédéralisme canadien c'est en fait la *crise de l'hégémonie politique de la bourgeoisie monopoliste canadienne*.

Le peuple québécois a un grand rôle à jouer dans cette conjoncture. Encore sous le joug du discours nationaliste bourgeois, il est amené, petit à petit, à démêler l'échiquier des intérêts de classes. Client des partis actuels, ses options électorales posent, en fait, la question des positions des différentes fractions des classes dominées. Comme dernier point, j'aimerais aborder rapidement cette question.

Une première mise au point : le niveau de développement de la lutte des classes dominées au Québec se reflète d'abord par l'absence d'organisation politique de la classe ouvrière. Le Nouveau Parti démocratique, au niveau fédéral, le Parti québécois au niveau provincial sont des organisations de la bourgeoisie non monopoliste à clientèle ouvrière et petite-bourgeoisie. Ce sont des partis bourgeois. Quant au Rassemblement des citoyens de Montréal, à l'Alliance démocratique, ce sont des partis réformistes petits-bourgeois. Il n'existe pas, à l'heure actuelle, d'organisation politique de masse de la classe ouvrière. Si certains groupes politiques de gauche portent le nom de partis, tels le Parti communiste canadien, le Parti communiste québécois marxiste-léniniste, le Parti du travail du Canada, etc., il n'en sont pas moins que des groupuscules de lutte idéologique. Si d'autres formations œuvrent à l'édification du parti, la classe ouvrière et ses alliés ne sont pas encore organisés en parti de classe.

Quant aux syndicats, leurs combats, quoique de plus en plus actifs et déterminés, restent enfermés dans cette première réalité. Il ne pourra y avoir de véritable syndicalisme de classe sans organisation politique, de même que les centrales syndicales ne peuvent se substituer à l'organisation politique. Le syndicalisme québécois est donc provisoirement dominé et mené par le corporatisme professionnel. Ses bases les plus combatives réussissent cependant à faire l'expérience progressive de luttes plus lucides. La conjugaison de cette pratique embryonnaire des luttes populaires diverses et de la conscience éclairée d'éléments avancés dans le mouvement ouvrier, militants de toutes sortes, devrait conduire dans les dix prochaines années à la formation d'un parti de classe.

Mais à quelles conditions ce parti se formera-t-il? Quelles devront être les principales réalités auxquelles il sera confronté? Ces deux questions ne peuvent être évitées sans quoi le projet d'organisation de classe serait abstrait et dogmatique.

Il serait donc essentiel de retenir, à titre de conditions minimales, les grands traits qui démarquent la lutte des classes dominées québécoises. Comme on l'a vu ce sont : a) le processus de centralisation des leviers politiques fédéraux, commandé par le rôle prédominant de l'État au stade actuel — ce processus se remarque par exemple par la «loi Trudeau anti-inflation», intervention dans la politique des prix et des salaires, par des nombreuses mesures fiscales, etc. ; b) l'articulation des deux niveaux de la scène politique manifestant tous deux les contradictions internes particulières de la bourgeoisie canadienne et québécoise et la crise du fédéralisme actuel ; c) l'oppression nationale qui pèse sur le peuple québécois au sein du Canada, expression de l'impéria-lisme illustrée, par exemple, par les formes concrètes de la division nationale du travail au Québec.

Ensuite, en ce qui concerne les objectifs stratégiques et les moyens tactiques qui sous-tendent la formation de ce parti, il faudrait poser les termes de la contradiction principale, définir les intérêts du peuple à long terme et les conditions de réalisation de ces intérêts. La définition de la contradiction principale repose, en premier lieu, sur le *primat des contradictions internes* de l'État par rapport aux contradictions externes. Secondairement, les rapports de la bourgeoisie monopoliste canadienne avec l'impérialisme seront pris en considération dans le cadre de leur subordination aux luttes internes. C'est pourquoi il m'apparaît que la classe ouvrière et ses alliés, les diverses fractions de la petite-bourgeoisie à l'exception de la fraction bourgeoise (c'est-à-dire les professionnels, les cadres supérieurs, etc.)[4] font *principalement* face à l'alliance des capitaux monopolistes et non monopolistes du bloc au pouvoir canadien sous l'hégémonie monopoliste canadienne-anglaise. C'est la contradiction principale. En second lieu prennent place les divisions qui agissent entre les fractions de la bourgeoisie d'une part et toutes les autres contradictions au sein des classes dominées d'autre part. La *question nationale dans ce contexte devient alors une des faces de l'impérialisme sur le plan interne.* La question nationale est une forme *concrète* que prend la contradiction principale. On ne saurait l'oublier dans l'organisation de la lutte. En tant que contradiction secondaire, elle représente pour le peuple québécois un moyen tactique pour faire ressortir les intérêts réels de la bourgeoisie nationaliste, intérêts qui ne visent qu'à l'hégémonie politique. Inversement, la lutte contre le nationalisme bourgeois permet au peuple de récupérer dans ses propres termes la question nationale, et, par l'exercice de son droit à l'autodétermination, de mettre au grand jour la nature de classe de son programme.

Les intérêts à long terme du peuple québécois seront donc définis par la conjugaison de l'ensemble de ces conditions. Ces intérêts seront la suppression de l'exploitation de classe par le socialisme, comme aspect principal, et la suppression de l'oppression nationale par l'autodétermination comme aspect secondaire. C'est pourquoi, la question nationale en tant que contradiction secondaire dans les conditions de la lutte du peuple québécois représente un moyen tactique d'affrontement à long terme contre l'ennemi principal, la bourgeoisie monopoliste canadienne et ses alliés.

---

4.   Cette fraction se trouve plutôt du même côté que les intérêts non monopolistes.

Mais comment? Le peuple québécois doit-il s'allier avec la bourgeoisie indépendantiste non monopoliste canadienne-française dans sa lutte contre l'État bourgeois canadien? Ou encore doit-il lutter contre tout nationalisme et s'allier d'abord avec la classe ouvrière canadienne contre son ennemi principal? Ni l'une ni l'autre de ces positions ne semble recouper toutes les réalités de la situation particulière du Québec.

En effet, ni le nationalisme bourgeois ni un internationalisme abstrait et dogmatique ne sauraient réaliser les intérêts des classes dominées québécoises. Pour réaliser son objectif, le peuple québécois devra *faire passer sa lutte* contre la bourgeoisie monopoliste canadienne par un *combat acharné contre le nationalisme bourgeois* de la fraction non monopoliste canadienne-française. En d'autres mots, la lutte de démystification du Parti québécois comme parti de la bourgeoisie québécoise le fera tomber dans les bras de son vrai maître d'une part, et *permettra au peuple d'autre part de poser la question nationale* en fonction de ses propres intérêts.

Car faudrait-il oublier que le peuple québécois supporte depuis des siècles l'oppression nationale? Faudrait-il oublier que ses revendications pour l'autonomie culturelle représentent un cheval de bataille quotidien? Faudrait-il oublier que le conflit national puise jusqu'aux racines les plus profondes de sa pratique d'exploité? Pourrait-on proposer aux masses québécoises un socialisme d'en haut qui échapperait à sa réalité culturelle? Pourrait-on oublier que son *exploitation de classe* dans les conditions objectives du capitalisme au Canada et au Québec s'est accomplie historiquement *à travers l'oppression de la nation canadienne-anglaise?* que l'impérialisme passe par la division nationale?

L'autodétermination nationale de la classe ouvrière québécoise est l'assise concrète de son projet socialiste. La formation du parti de classe devra avoir pour fondement la reconnaissance du vécu de la classe ouvrière québécoise par rapport aux deux faces de son exploitation. Un mouvement contre le capitalisme actuel sera aussi un mouvement contre les conditions historiques concrètes de réalisation de cette exploitation qu'est l'oppression nationale au Québec. Dans ce parcours, la bourgeoisie nationaliste canadienne-française sera amenée à choisir ses alliés et c'est là seulement qu'on pourra établir si elle fait partie ou non du peuple. De plus, c'est seulement en assurant les conditions de sa propre libération que le peuple québécois pourra clarifier *les principes* de son alliance avec la classe ouvrière canadienne.

Le capitalisme, dans ses modalités historiques au Canada, a assigné à la classe ouvrière et à la petite-bourgeoisie du Québec les conditions de son identité culturelle et nationale. Certes, il s'agit d'une identité acquise sous le joug de l'exploitation et de l'oppression. Mais cette identité existe autant qu'existe la division sociale du travail, même lorsqu'elle n'est pas exprimée en termes subjectifs. Il ne reste donc qu'à traduire dans la lutte politique cette double identité.

C'est là tout un programme devant lequel les textes font mince figure. C'est pourquoi les conclusions de ce travail n'ont d'autre signification que celle que l'histoire qu'il reste à faire leur donnera.

C 2

TABLE DES MATIÈRES

*Achevé d'imprimer
à Montmagny, le 1er novembre 1977
sur les presses des ateliers Marquis Ltée*

14%

1%

500

70 lb